Karl Heinrich Heydenreich

Natur und Gott nach Spinoza

Erster Band

Karl Heinrich Heydenreich

Natur und Gott nach Spinoza
Erster Band

ISBN/EAN: 9783743462267

Hergestellt in Europa, USA, Kanada, Australien, Japan

Cover: Foto ©Thomas Meinert / pixelio.de

Manufactured and distributed by brebook publishing software (www.brebook.com)

Karl Heinrich Heydenreich

Natur und Gott nach Spinoza

Natur und Gott

nach Spinoza.

Von

Karl Heinrich Heydenreich,

der freyen Künste Magister und Privatlehrer der
Philof. u. sch. Wissensch. auf der Universität Leipzig.

Erster Band.

Leipzig,
in der Joh. Gottfr. Müllerschen Buchhandlung, 1789.

Bey der großen Revolution, welche die Philosophie in unsern Zeiten durch den Scharfsinn eines einzigen Mannes erfahren hat, und bey dem Sturze der metaphysischen Systeme, welcher die Folge davon ist, dürfte es leicht eine zwecklose und undankbare Mühe scheinen, eine ausführliche Entwickelung eines Systems zu liefern, welches bey iener Revolution vielleicht desto tiefer sinken mußte; ie höher es

sich)

sich in seinen Anmaaßungen verstiegen hatte.
Wenigstens könnte die Sprache, welche die
meisten Vertheidiger des siegenden Systems
führen, das Publikum sehr leicht zu einem Vorwurfe dieser Art verführen. Denn sie behandeln doch wirklich alle Systeme von Plato bis
auf Herder in einem Tone, als ob man sich
schämen müßte, sie studiert zu haben. Allein
wie bereitwillig auch ein großer Theil der Ge-
genparthey ist, alle Aeußerungen dieser Männer zu mißdeuten, oder, welches nicht viel besser ist, sie an Stellen wörtlich zu erklären,
wo offenbar die Wärme ihrer Theilnahme in
etwas hyperbolischen Ausdruck übergieng; so
bin ich doch zu billig, und zu bekannt mit der
Sprache leidenschaftlichen Eifers für eine trefli-
che Sache, als daß ich im gegenwärtigen Falle

diese

diese Hermenevtik anwenden, und daraus üble Vorbedeutungen für die Aufnahme meiner Schrift ziehen sollte. Keiner iener Männer wird es leugnen, das die Lehrgebäude eines Plato, Aristoteles, Cartes, Berkeleys u. a. Denkmäler des menschlichen Geistes sind, welche es verdienen, scharf und vollständig gefaßt zu werden. Denn gesetzt auch, sie alle gründen sich auf Voraussetzungen, welche nicht streng erwiesen werden können, gesetzt, sie haben nicht mehr obiektive Gültigkeit, als die Gestalten eines Schattenspiels; so sind sie dennoch für den Forscher des menschlichen Geistes große Erscheinungen, die ihm über den Gang der Vernunft, über ihre Schleichwege und Fehltritte wichtige Aufschlüsse geben, Aufschlüsse, welche nicht blos als Erweiterungen unsrer Er-

kennt-

kenntniß interessiren, sondern auch dem angele-
gentlichen Denker Stoff zu den fruchtbarsten
praktischen Regeln liefern. Schon von dieser
Seite betrachtet leuchtet es also ein, wie wichtig, ungeachtet aller Revolutionen der Philosophie, die reine vollständige Aufbehaltung me-
taphysischer Systeme ist; allein, es giebt eine
Ursache, die dieses Bedürfniß in ein noch helle-
res Licht setzt. Die Resultate der Kritik der
Vernunft, seyen sie auch noch so sonnenklar
und unwiderleglich, können dennoch selbst unter dem denkenderen Theile der menschlichen
Gesellschaft nie herrschend werden. Damit will
ich keinesweges sagen, daß nicht mit der Zeit
die meisten ihre Evidenz einsehen würden, davon bin ich überzeugt; ich meyne nur soviel,
daß die Vernunft sich nie ihren Gesetzen prak-
tisch

tisch unterworfen, nie nach ihnen den Gang ihrer Untersuchungen entwerfen, einschränken und begränzen wird. Die Natur selbst, deren Einrichtungen keine menschliche Speculation zu verrücken vermag, hat es verhindert. Sie selbst hat die Täuschung gegründet, durch die wir unsern wahren Standpunkt und Wirkungskreis als denkende Wesen verkennen, und die Wahrheit mit aller ihrer Kraft wird uns nimmermehr von diesem Zauber lösen. Auch ist dieses dem Blicke des Mannes, welcher die große Idee, die Sehkraft der Vernunft auszumessen zuerst faßte und auch ausführte, gar nicht entgangen. Er hat vielmehr selbst gezeigt, daß, troß aller Prüfung und Demüthigung, die Vernunft doch immer und ewig nach übersinnlichen Erkenntnissen streben, und sich

Syste-

Syſteme derſelben bilden werde; ja er hat ſogar die Triebfeder in unſrem Geiſte ſelbſt aufgedeckt, durch welche die Vernunft eine ſo determinirte unverrückbare Richtung nach einer tranſcendenten Welt bekommt. So ſtehn alſo Kritik der Vernunft und Natur im Widerſtreite, weil jene auf Wahrheit, dieſe auf Täuſchung hinwirkt. Wenn nun aber die Natur, wie überall, alſo auch hier, Siegerin bleiben muß, wenn es nothwendiges Loos der Menſchheit iſt, ſich in eine überſinnliche Welt zu träumen, wenn weder die eingeſehene Unmöglichkeit, jenſeits der Erfahrung Entdeckungen zu machen, noch die poſitive Wahrheit einer beglaubten Offenbahrung die grübelnde Vernunft zum Stillſtande zwingen kann, wenn vielmehr jeder denkende Kopf von einem unwillführlichen

Drange

Drange getrieben sich ein metaphysisches System
erkießt, welches er seinen religiösen und moralischen Grundsätzen anpaßt; so müssen doch die
Weltweisen gewiß darauf bedacht seyn, die metaphysischen Systeme in ihrer Lauterkeit zu erhalten und vollständig darzustellen; damit man,
desto richtiger schätzen und desto sicherer wählen
könne.

Ueber kein metaphysisches System waren
von jeher die Stimmen so getheilt, als über
das Spinozistische. Während die einen es
als das größte Meisterstück menschlichen Scharf-
sinns priesen, setzten die andern es als ein Gewebe der seltsamsten und abentheuerlichsten Gril-
len herab, die nur je in den Kopf eines Ver-
nünftlers gekommen waren, und während noch

anbre

andre es mit Religion und Moral verträglich
glaubten, behaupteten wieder andere, daß es
diese beyden Grundpfeiler der wahren Glückseligkeit untergrabe, und dem Menschen mit seiner Ueberzeugung Ruhe und Trost auf immer
entreiße. So entgegenstehende Urtheile konnten nur die Folge ganz verschiedener Erklärungen des Systems selbst seyn, und es ist auch
wirklich keine Art von Behandlung gedenkbar,
welche es nicht erfahren hätte. Wenige hatten
die ausdauernde Geduld, die Schriften eines
so finstern und rigiden Denkers zu studieren,
und in diesen selbst erreichten die meisten seinen Sinn nicht, entweder weil sie überhaupt
nicht Geisteskraft genug besaßen, um in seine
Ideen einzugehn, oder, weil sie vom Systemgeiste eingenommen waren, und nur durch die

Brille

Brille sahen, oder, weil sie nicht Scharfsinn
genug hatten, manche Lücken selbst auszufüllen,
deren Ergänzung Spinoza wissentlich oder un-
wissentlich seinen Lesern überlassen hatte. Die
meisten begnügten sich mit flüchtiger Uebersicht
seiner Ideen, und die natürliche Folge davon
war falsche Ansicht des Lehrgebäudes im Ganzen
und Verkennung einzelner Theile desselben.
Allein bey einer großen Menge von Beurthei-
lern und Erklärern mischte sich Leidenschaft und
Enthusiasm ins Spiel, und so konnt' es denn
nicht fehlen, daß man nicht bey Lob und Tadel
sich in Extremen verlöhren hätte. Dort ward
ihm Weyhrauch gestreut und Opfer gebracht,
wie einem Halbgotte; dort ward er mit Krän-
zen und Bändern behangen vorgeführt, gleich
einem Thiere, an welchem ein geschickter Pro-

fessio-

feſſioniſt ſein Meiſterſtück machen ſoll; dort
ward er wie ein Miſſethäter allen Beſchimpfun-
gen des niedrigſten Pöbels Preis gegeben. In
unſern neueſten Zeiten hat ſein Schickſal eine
unerwartetgünſtige Wendung genommen. Wenn
es vor wenig Jahren die unverzeihlichſte Para-
dorie war, zu behaupten, daß alle Metaphyſik
auf Spinozismus hinleite; ſo bekennt jetzt ein
ſcharfſinniger Mann nach dem andern öffentlich,
daß dieſes Syſtem das allerconſequenteſte iſt,
welches überſinnliche Spekulation erdenken
kann.

Schon aus dieſen Umſtänden kann man
im voraus ahnden, daß dieſes Syſtem ein
Werk ungemeines Tiefſinnes ſeyn muß, aber
auch, daß es ſchwerer als andere zu faſſen iſt.
Und ſo verhält es ſich auch in der That. Kein
menſch-

menschlicher Geist hat sich wohl so tief in eine übersinnliche Verstandeswelt hineingeträumt, keiner die Widersprüche, welche sich unter den Träumern aus diesen Regionen zu finden pflegen, so künstlich verdeckt, keiner überhaupt bey seinen Spekulationen Fleisch und Blut bis auf den Stab vergessen, so ganz unbedingt, ohne irgend ein mitwirkendes Interesse des Herzens nach Ergründung der wichtigsten Erkenntnißgegenstände der Menschheit gestrebt, als dieser bald verfluchte, bald gesegnete, bald beweinte, bald belachte Spinoza. Kein Wunder, daß seine Ideen von dem Gesichtskreise der meisten Menschen so abgelegen sind, und daß es so ausserordentlich viel Zeit und ausdauernde Geduld kostet, um mit ihnen vertraut zu werden.

Ich

Ich habe versucht, eine ausführliche und deutliche Darstellung des Spinozismus zu liefern; eine Arbeit, welche vielleicht Bedürfniß für einen großen Theil der Liebhaber der Philosophie ist. Ich erkenne mit Dank das Verdienst so mancher scharfsinniger Männer, welche darüber schrieben; allein ich bedaure um desto mehr, daß es dem größten Theile davon nicht sowohl um Wahrheit, als um Modernisirung und Ausschmückung des Systems zu thun war, und daß gerade die, welche Spinoza's Sätze am richtigsten gefaßt hatten, am dunkelsten schrieben, und nicht selten völlig verkannt wurden. Keinen von beyden Vorwürfen wünschte ich zu erfahren, am allerwenigsten aber den Verdacht, in welchem die letztern bey so vielen geriethen, ich meyne den, Spinozisten

zu

zu seyn, weil sie sich in das System hineinge-
dacht hatten. Ich verbitte das letztere ausdrücklich um desto mehr, da ich mich bey meiner Darstellung an keine feste Form binden,
sondern bald dialogisch, bald erzählend, bald
betrachtend abhandeln werde; welches ohne vor-
hergegangene Erinnerung vielleicht zu Mißver-
ständnissen Anlaß geben könnte. Der redliche
kluge Leser wird indessen auch ohne sie die Materie von der Form zu unterscheiden wissen.

Man sollte das Studium keines Systems
übernehmen, ohne sich gewissermaaßen darauf
vorbereitet zu haben. Denn ein jedes erfordert eine besondere Richtung des Geistes, die
Versetzung auf einen Gesichtspunkt, von dem
aus allein man die ganze Fläche der Ideen,
die es befaßt, mit seinen Blicken bestreichen
kann;

kann; man muß, um nicht vielleicht durch Bilder zu täuschen, wenigstens im Voraus wissen,
wovon eigentlich bey dem Ganzen des Systems
die Rede ist. Dieses war mein Endzweck bey
dem Einleitungsgespräche über die Abhängigkeit des Menschen, über Deisinus, Pantheismus und Atheismus. Ich lasse hier zween
Männer sprechen: einen Weltweisen, welcher
sich die Hauptsätze Spinozas zu eigen gemacht
hat, und einen andern, welcher das deistische
System vertheidigt; sie unterhalten sich über
die Natur und Verhältnisse jener drey Systeme,
und mich dünkt, man wird dadurch in den
Stand gesetzt, dem Spinoza auf seinem ein-
samen oft versteckten Wege zu folgen. Daß
ich den erstern bey seiner Anhänglichkeit an das
metaphysische System Spinozas zugleich an

Offen-

Offenbahrung glauben lasse, wird in unsern Zeiten am wenigsten auffallen, wo es keine Paradoxie mehr ist, daß Vernunfterkenntniß und Offenbahrung, so wie sie von verschiedenen Quellen ausgehn, auch verschiedene von einander unabhängige Wege nehmen, und daß in Rücksicht der Zwecke, auf welche sie hinarbeiten, keine die andere überflüßig macht; daß man also, zu welchem metaphysischen Systeme man sich auch schlage, einer positiven Religion getreu bleiben könne. Dessenungeachtet verbitte ich auch hier die Person des Xenophanes mit der des Verfassers zu verwechseln.

Nach vollendeter Darstellung des Systems in seiner wahren Gestalt, habe ich versucht, es zu prüfen, und vielleicht ist es mir gelungen, seine schwachen Seiten zu entdecken, und es in

ver-

verschiedenen Stücken zu widerlegen. In welchem Verhältnisse Spinoza gegen die Kritik der Vernunft steht, und in wie fern auch nach der durch sie bewerkstelligten Erschütterung seines Lehrgebäudes immer noch eine Widerlegung Statt findet, welche sich nicht auf die Grundsätze derselben gründet, erhellet aus den Ideen, von welchen ich in diesem Vorberichte ausgegangen bin. Leipzig, in der Michaelismesse 1788.

K. H. Heydenreich.

Leben

Leben

Benedicts von Spinoza.

Aus einer französischen Handschrift,

mit

Anmerkungen vom Herausgeber.

Schon vor mehrern Jahren bin ich in den
Besitz einer französischen Handschrift gekommen, welche unter dem Titel: La vie & l'esprit
de Mr. Benôit de Spinoza eine Lebensbeschrei-
bung dieses Mannes und eine Darstellung seiner
Grundsätze enthält. Aus einer beygefügten An-
zeige *) sieht man, daß dieses Werk wirklich ge-

H 3.　　　druckt

---

*) *Sie lautet also:* Il n'y a peut etre rien, qui donne
aux esprits forts un pretexte plus plausible d'insulter
a la Religion, que la manière, dont en agissent avec
eux ses defenseurs. D'une part ils traitent leurs objections avec le dernier mépris, & de l'autre ils sol-
licitent avec le zele le plus ardent la suppression des
livres, qui contiennent ces objections, qu'ils trou-
vent si méprisables. Il faut avouer, que ce procedé
fait tort a la causse, qu'ils defendent. En effet, s'ils
etaient assurés de sa bonté, craindraient-ils, qu'elle
ne succombât en ne la soutenant que par de bonnes
raisons? Et s'ils etaient pleins de cette ferme con-
science, qui inspire la verité a ceux, qui croyent
combattre pour elle, auraient-ils recours a de faux
avantages & a de mauvaises voyes pour la faire tri-
　　　　　　　ompher?

bruckt worben, baß man aber nur 70 Exemplare
bavon auflegen laffen, und ber Abschreiber äußert
in

ompher? Ne fe repoferaient-ils pas fur fa force, &
fûrs de fa victoire ne s'expoferaient-ils pas volontiers
au combat aux armes egalés contre l'erreur? Apre-
hendraient-ils de laiffer a tout le monde la liberté
de comparer les raifons de part & d'autre & de ju-
ger par cette comparaifon, de quel coté eft l'avan-
tage? Oter cette liberté, n'eft ce pas donner lieu
aux incredules de s' imaginer, qu'on redoute leurs
raifonnements, & qu'on trouve, qu'il eft plus aifé
de les fupprimer, que d'en faire voir la fauffeté?
Mais bien qu' on foit perfuadé, que la publication
de ce, qu'ils ecrivent de plus fort contre la verité,
loin de lui nuire, ne fervirait au contraire, qu'a
rendre fon triomphe plus eclatant, & leur defaite
plus honteufe, neanmoins on a ofé aller contre le
torrent en rendant publique la vie & l' efprit de
Mr. Benôit de Spinoza.   On en a tiré fi peu d' ex-
emplaires, (foixante dix) que l' ouvrage ne fera pas
moins rare que s' il etait refté en manufcrit. C' eft
aux habiles gens, capables de le refuter, qu' on
aura foin de diftribuer ce petit nombre d' exemplai-
res. On ne doute point, qu'ils ne menent battant
l'Auteur de cet ecrit monftrueux, & qu'ils ne ren-
verfent de fond en comble le Syfteme impie de Spinoza, fur lequel font fondés les Sophismes de fon
difciple. C'eft le but, qu'on s'eft propofé en fai-
fant imprimer ce Traité, ou les libertins vout puifer
leurs

in einem kleinen Vorberichte die Vermuthung, daß
Lucas (oder Lucae) ein Arzt, welcher Spinozas
Zeitgenosse, vertrauter Freund und Theilnehmer
seiner Grundsätze gewesen, es geschrieben habe. *)
Wie dem auch sey, **) so enthält die Lebensbe-
schrei-

b 4

leurs argumens captieux. On le donne sans aucun
retranchement, ni adoucissement, afin que ces Mes-
sieurs ne disent point qu'on en ait enervé les diffi-
cultés pour en rendre la refutation plus aisée. D'ailleurs les injures grossieres, les mensonges, les calo-
mnies, les blasphemies, qu'on y lira avec horreur
& execration, se refutent assez d'eux mêmes & ne peu-
vent tourner, qu'a la confusion de celui, qui les
a avancé avec autant d'extravagance que d'impieté.

*) L'auteur en est inconnu a la vérité, sagt er, quoi-
qu'il y ait apparence, que celui, qui l'a composé,
a eté un de ses disciples, comme il s'en explique
assez clairement. Cependant s'il etait permis sur des
conjectures de poser quelque fondement, on saurait
dire peut-etre avec certitude, que tout l'ouvrage est
du fait du feu Sieur Lucas, si fameux par ses quint-
essences, mais encore plus pas ses moeurs & la ma-
niere de vivre. Das Andenken dieses Mannes ist
jüngsthin durch einen Aufsatz im deutschen Merkur erneuert worden. (Im May d. J. 1788.)

**) Wahrscheinlich ist diese Handschrift aus der geflossen,
von welcher der deutsche Uebersetzer von Colers Lebens-
beschreibung des Spinoza in einer Anmerkung redet.
(S.

schreibung Nachrichten und Karakterzüge von Spinoza, welche, so viel ich weiß, bis jetzt nicht genug
bekannt waren, und es ist auf keinen Fall überflüs-
sig.

(S. 116.) Wenigstens treffen alle Umstände zusammen.
„Sonsten soll Spinoza, sagt er, auch noch mit einem
andern atheistischen Kopfe, so Mr. Lucae geheißen, bekannt gewesen seyn, und von diesem noch vieles in der
Atheisterey (als ob die Atheisterey ein Handwerk
wäre, das seine kleinen Vortheilchen hätte!!) gelernt
haben. Ich habe in einer vornehmen Privatbibliothek
ein abgeschriebenes, wiewohl unvollständiges Werk in
französischer Sprache gesehen, das diesem Monsieur
Lucae zugeschrieben wurde, und habe darinn ganz ab-
scheuliche Grund- und Lehrsätze, die alle spinozisch
waren, angetroffen. Es war zwar nur der Anfang
davon vorhanden, indem es nicht so lange hingeleben
worden, daß man es völlig hätte abschreiben können.
Doch konnte man schon aus diesen wenigen Fußtapfen
erkennen, daß es einen sehr ungläubigen Verfasser
habe. Es wurde dabey erzählet, wie ein großer Prinz
in seiner Bibliothek solches vollständig besitze, und
dafür 100 fl. habe auszahlen müssen, damit er es bekommen, und daraus sey diese Abschrift geflossen" —
Auch ist sie vermuthlich dieselbe Handschrift, auf welche sich der Graf Boulainvilliers bezieht in der vie de
Spinosa, ecrite par M. Jean Colerus, augmentée de
beaucoup de particularités tirées d'une vie Manu-
scrite de ce Philosophe, faite par un de ses Amis,
vor seiner Refutation de Spinosa, à Bruxelles 173.

ſig, wenn ich ſie dem Publikum in einer getreuen
Ueberſetzung mittheile. *)   Der Eſprit de Spinoza beſchäftigt ſich nicht ſowohl mit Gegenſtän-
den der Metaphyſik, als mit poſitiven Wahrheiten verſchiedener Religionen, und liegt alſo ganz
außer meinem Plane.   Nur von wenigen Abſchnit-
ten werde ich bey der Entwickelung des Syſtems
ſelbſt Gebrauch machen können.

*) Das einzige, was bey Leſung dieſer Biographie ein
   unangenehmes Gefühl verurſacht, ſind die beſtändigen
   Erhebungen Spinozas, welche ſelbſt dem eifrigſten
   ſeiner Bewunderer überſpannt und ekelhaft vorkommen
   müſſen.   Unſtreitig war der Verfaſſer dieſes ganzen
   Werkes ein blinder Anbeter des Philoſophen, der
   im Punkte der Beſcheidenheit und Unzudringlichkeit
   ſein großes Muſter ganz vergaß.

Unſer

Unser Jahrhundert ist erleuchteter als die vorigen; allein es ist darum nicht billiger gegen große Männer. Ob es ihnen schon seine schönsten Aufklärungen verdankt, und diese auch glücklich zu benützen weiß, so will es dennoch, sey es aus Neid oder aus Blödsichtigkeit, nicht dulden, daß man sie lobe, und es ist entsetzlich, daß man sich verbergen muß, um ihr Leben zu schreiben, als ob man eine Missethat begienge. Wenn zumal solche Männer etwa Wege einschlugen, die von den gewöhnlichen abgehn, und gemeinen Geistern verborgen sind, dann vertheidigt man unter der Hülle der Ehrfurcht für angenommene, obwohl widersinnige und lächerliche Meynungen, seine Unwissenheit, und opfert ihnen die heßsten Grundsätze der Vernunft, oder vielmehr der Wahrheit selbst auf. Allein wieviel man auch bey einer Unternehmung dieser Art aufs Spiel setze; so müßte ich dennoch wenig Nutzen aus der Philosophie des

Man-

Mannes geschöpft haben, dessen Leben ich schreiben
will, wenn ich mich durch die Vorstellung davon
abschrecken ließe. Ich fürchte die Wuth des Volkes nicht, denn ich lebe in einem Freystaate, wo
Denkfreyheit noch das Eigenthum des Bürgers
bleibt, und wo man, um ruhig und glücklich zu
leben, kaum noch etwas zu wünschen hätte, wenn
Personen von geprüfter Redlichkeit ohne Eifersucht
gehört würden. Und wenn auch dieses Werk, welches ich dem Andenken eines treflichen Freundes
widme, nicht allen Lesern gefällt, so darf es doch
gewiß auf den Beyfall derer rechnen, die die Wahrheit allein lieben, und sich über den Pöbel erheben.

Baruch von Spinoza war in Amsterdam, der
schönsten Stadt Europa's, gebohren, und von ge-
ringer Herkunft. Sein Vater, ein Portugiesischer
Jude, hatte nicht Mittel genug, um ihn zur Handlung zu bestimmen, und ließ ihn also in der hebräischen Litteratur unterrichten. Allein Kenntnisse dieser Art, ob wohl insgemein das einzige
Studium der Juden, waren nicht fähig, einen
Geist, wie der seinige, zu befriedigen.

Kaum war er funfzehn Jahre alt, als er
schon Einwürfe erdachte, welche die gelehrtesten
unter den Juden mit genauer Noth widerlegen
konnten, und obschon eine so frühe Jugend das

Alter

Alter der Ueberlegung nicht zu seyn pflegt, so besaß er doch davon genug, um zu bemerken, wenn
seine Zweifel seine Lehrer in Verlegenheit setzten.
Allein aus Furcht, sie gegen sich aufzubringen, stellte er sich durch ihre Antworten befriedigt, und begnügte sich vor der Hand damit, sie aufzuzeichnen,
um zu seiner Zeit und an seinem Orte Gebrauch
davon zu machen.   Da er nichts als die Bibel
las, so setzte er sich bald in den Stand, sie ohne
Hülfe eines Auslegers zu lesen.   Er machte darüber so treffende Bemerkungen, daß die Rabbiner
sich nicht anders dabey nahmen, als alle Igno-
ranten, die, wenn man auf Gründe dringt, und
sie keine haben, ihre Gegner der Ungläubigkeit an-
klagen.   Ein so seltsames Verfahren führte ihn
sehr bald auf den Schluß, daß es unnütz sey, sich
in der Wahrheit von Andern unterrichten zu lassen,
und er faßte den Vorsatz, von nun an nur sich
selbst um Rath zu fragen, aber auch keinen Eifer
zu sparen, um durch eigne Kraft Wahrheit zu er-
forschen. *)   Es gehörte in der That eine außer-
ordent-

*) Ich weiß nicht, wer in dieser Rücksicht bewunderns-
  würdiger ist, ob Des Cartes, oder Spinoza. Beyde weckten den Geist des Selbstdenkens sehr früh, beyde wurden in der ersten Jugend schon mißtrauisch ge-
                                                   gen

ordentliche Größe und Stärke der Seele dazu, um in einem Alter von noch nicht zwanzig Jahren sich ein solches Ziel vorzustecken. * Spinoza zeigte aber auch bald, daß er keine Sache unternommen hatte, welche seine Kräfte überstieg. Er las die Schrift von neuen, durchdrang ihre Dunkelheit, enthüllte ihre Geheimnisse, und ließ ein helles Sonnenlicht durch die Wolken brechen, hinter welchen man ihm gesagt hatte, daß die Wahrheit sich verberge. *)

Nach

gen ihre Kenntnisse und Meynungen, und entschloß sich, ihre eigene Bahn zu gehn, und blos ihrer Vernunft zu folgen. Es ist zu bedauren, daß wir vom Spinoza nicht eine Geschichte der ganzen Bildung seines Geistes haben, wie sie uns Des Cartes hinterlassen hat in seiner differtatione de methodo recte utendi ratione et veritatem in scientiis investigandi, einem Auffaße, welcher das Taschenbuch aller jungen Denker seyn sollte. Spinozas tractatus de intellectus emendatione et de via, qua optime in veram rerum cognitionem dirigitur, wie interessante Data er auch enthält, befriedigt doch nicht ganz.

*) Ueberspannt ist unstreitig diese Schilderung der exegetischen Verdienste Spinozas. Allein sooiel bleibt immer wahr, daß er die meisten Gesetze der heiligen Hermeneutik, womit unsre großen Gottesgelehrten einen so glänzenden Staat machen, schon erdacht, und ausgeübt hat. Wie eifrig drang er nicht z. B. schon auf den Grundsatz: Scripturam more humano et secundum

Nach vollendeter Untersuchung der Bibel, las er den Talmud mit derselben Genauigkeit, und so wie niemand ihm an Kenntniß der hebräischen Sprache gleich kam, so fand er bey dieser Lektüre keine Schwierigkeiten. Allein er fand auch keine Befriedigungen darin; doch war er vorsichtig genug,

cundum receptas vulgi opiniones loqui, quia ipfius intentum non eft, philofophiam docere, nec homines doctos, fed obtemperantes reddere. Ep. XXV. (Opp. Pofth. pag. 458.) Eben so schreibt er an einen Gelehrten, der ihn versichert hätte, er verwerfe die ersten Grundsätze der Vernunft, wenn er sie nicht mit den Aussprüchen der Bibel vereinigen könnte: affero, me quidem credere, quod ego eam veritatem, quam tu in Scriptura effe credis, illi non tribuam, et tamen credo, quod ego illi tantum, fi non plus adfcribam auctoritatis; quodque longe cautius quam alii, caveam, ne illi pueriles quasdam et abfurdas fententias affingam, quod nemo praeftare poteft, nifi is qui *philofophiam bene intelligit*, vel divinas habet revelationes. — Et nunquam craffum adeo vidi theologum, qui non percipit Scripturam facram creberrime more humano de deo loqui, ac fuum fenfum parabolis exprimere. (Opp. Pofth. pag. 504.) u. w. Und würde sich nicht Spinoza manche für neu ausgeschriene Theorie der Propheten mit Recht vindiziren können, wenn er von den Todten auferstünde? —

genug, erst seine Idee darüber reifen zu lassen, bevor er ihnen völlig beystimmte.

Morteira der gelehrteste von den Rabbinen seiner Zeit bewunderte die Aufführung und die Talente seines Schülers. Es war ihm unbegreiflich, wie ein junger Mensch mit einem so durchdringenden Verstande so viel Bescheidenheit vereinigen konnte. Er suchte ihn grundaus kennen zu lernen, prüfte ihn auf alle Weise, und mußte dann gestehn, daß seine Sitten und sein Geist ihm nichts zu wünschen übrig ließen. Seine Lobeserhebungen machten den jungen Menschen überall beliebt, aber dieser ward dadurch im geringsten nicht eitel. Die Klugheit war seinen Jahren vorgesprungen; schon jetzt rechnete er wenig auf Lob und Freundschaft der Menschen; Liebe zur Wahrheit war seine Leidenschaft; Umgang suchte er fast gar nicht. Allein, wie viel er auch Behutsamkeit anwandte, um sich den Menschen zu entstehlen; so giebt es doch Verbindungen, denen man ehrbarer Weise nicht ausweichen kann, wenn sie gleich oft sehr gefährlich sind. Unter denen, die sich am meisten an ihn drängten, waren zwey junge Leute, die sich als seine innigsten Freunde stellten, und ihn beschworen, ihnen seine wahren Grundsätze mitzutheilen. Sie stellten ihm vor, daß er von ihrer

Seite

Seite auf keinen Fall etwas zu befürchten hätte,
indem ihre Neugier keinen andern Endzweck hätte,
als den, über ihre Zweifel Aufklärung zu bekommen. Der junge Spinoza, verwundrungsvoll
über eine so unerwartete Zumuthung, ließ sie einige Zeit ohne Antwort; endlich, da sie immerfort
in ihn drangen, sagte er mit Lachen: ihr habt
ja Mosen und die Propheten. — Wenn ich
mich an die halte, versetzte der eine, so weiß ich
nicht, ob es unsterbliche Wesen giebt, ob nicht
Gott einen Körper hat, ob unsre Seele immate-
riell ist, ob die Engel wirkliche Substanzen sind.
Was dünkt euch davon, fuhr er fort, indem er
sich an Spinoza wandte; Hat Gott einen Körper?
Giebt es Engel? Ist die Seele unsterblich? Ich
gestehe, versetzte dieser, da man in der Bibel gar
nichts von immateriellen Dingen findet, so ist es
gar nicht unbequem zu glauben, daß Gott groß
ist, wie es der König David sagt, Pf. 5, 48. Es
ist unmöglich, sich eine Größe zu denken, ohne
Ausdehnung und ohne Körper. Was die Geister
betrift, so ist es gewiß, daß die Schrift nicht
sagt, daß es wirkliche fortdauernde Substanzen
seyen, sondern blos Fantome, welche man Engel
nannte, weil sich Gott ihrer bedient, um seinen
Willen bekannt zu machen. Auf diese Art sind die
Engel

Engel und alle Geister nur in sofern unsichtbar, als sie einen feinen durchsichtigen Körper haben, den man sieht, wie Gaukelbilder im Spiegel, oder im Traume, wie Jakob die Engel auf der Leiter. Darum lesen wir auch nicht, daß die Juden die Sadduzäer exkommunizirt hätten, weil sie keine Engel glaubten; denn das Alte Testament erwähnt ihre Schöpfung nicht. Was die Seele betrift, so bezeichnet die Schrift mit diesem Worte das Leben, oder auch alles, was lebend ist. Unnütz würde es seyn, in ihr einen Beweis für die Unsterblichkeit zu suchen. Vielmehr findet man in hundert Stellen das Gegentheil, und braucht gar nicht *viel Mühe*, es zu beweisen; doch es ist weder Zeit noch Ort, davon zu sprechen. — Das wenige, was ihr sagt, versetzte der eine, mag für manchen überzeugend seyn, aber eure Freunde verlangen etwas gründlicheres; die Materie ist zu wichtig, um obenhin behandelt zu werden. Wir verlassen euch nur unter der Bedingung, daß ihr sie ein andermal wieder vornehmt. Spinoza, dem es nur darum zu thun war, die Unterhaltung abzubrechen, versprach ihnen, was sie wollten, vermied aber in der Folge sorgfältig alle Gelegenheiten, wo sie wieder darauf zu kommen suchten; und da er wohl wußte, daß Neugier selten aus guten

c   Absich-

Abſichten herrührt, ſo ſtudierte er ihren Chara-
cter, und fand ſo viel widriges in ihm, daß er
allen Umgang aufhob. Jene glaubten, dieß ge-
ſchehe nur, um ſie zu prüfen, und murrten blos
unter ſich darüber; da ſie aber ſahen, daß es
Ernſt war, ſo ſchworen ſie ſich zu rächen, und
um ihrer Sache gewiſſer zu ſeyn, fiengen ſie an,
ihn unter dem Volke zu verſchreyen. Sie breite-
ten aus, man betrüge ſich ſehr in dem jungen Menſchen, wenn man glaube, er werde eine Säule
der Synagoge werden; es ſey mehr Anſchein da,
daß er ihr Zerſtöhrer werden könne, denn er hege
nichts als Haß und Verachtung gegen das Geſetz
Moſis; ja er ſey ein wahrhafter Gottesläſterer,
der Rabbin, wie gelehrt er auch ſey, habe Unrecht, wenn er einen ſo vortheilhaften Begrif von
ihm hege, und ſchon ſein Anblick mache ſie ſchau-
dern. Solche Urtheile ſtreueten ſie anfangs ganz
heimlich aus, allein ſie kamen ſehr bald in Umlauf,
und da ſie den günſtigen Zeitpunkt vor ſich ſahen,
ſtatteten ſie den Weiſen der Synagoge Bericht ab,
und ſetzten ſie in ſolche Glut gegen Spinoza, daß
nicht viel fehlte, man hätte ihn ungehört ver-
dammt.

Sie ließen ihn vor ſich fordern. Er, ſich
bewußt, daß ihm ſein Gewiſſen keinen Vorwurf
mach-

machte, gieng freudig in die Synagoge. Mit
niedergeschlagnem Angesicht und innerlich glühend
von heiligem Eifer für die Sache Gottes sagten
ihm seine Richter, sie könnten nach den guten Hoff-
nungen, die sie von seiner Frömmigkeit gefaßt hätten, kaum dem Gerüchte trauen, welches von ihm
liefe; sie hätten ihn rufen lassen, um die Wahrheit zu hören, und mit gekränktem Herzen müßten
sie ihn auffordern, von seinem Glauben Rechenschaft abzulegen, er sey des schwärzesten und un-
geheuersten von allen Verbrechen angeklagt, der
Lästerung des Gesetzes, sie wünschten herzlich, er
möge sich von dem Verdachte reinigen, denn wenn
er überführt würde, so könne die Strafe für ihn
nicht grausam genug erdacht werden. Sie beschworen ihn, es zu gestehen, wenn er schuldig
wäre; und da er leugnete, traten seine falschen
Freunde auf und bezeugten mit der niedrigsten Frechheit, sie hätten ihn hören seinen Spott über die
Juden treiben, als über Leute, die in Aberglauben und Unwissenheit gebohren und erzogen wären,
die nicht wüßten, was Gott ist, und doch die Un-
verschämtheit hätten, mit verächtlicher Ausschlie-
ßung andrer Nazionen sich sein Volk zu nennen.
Das Gesetz, hätte er gesagt, sey von einem Manne
gegeben worden, der in politischen Dingen gewand-

ter gewesen, als sie, der aber von Physik und wahrer Religion so wenig verstanden hätte, daß man
mit einer Unze gesunden Verstandes den Betrug
entdecken könnte, und daß man so dumm als die
Hebräer zu Mosis Zeiten seyn müßte, um sich an
diesen artigen Mann zu halten. Dieses alles,
verbunden mit seinen Aeußerungen über Gott, die
Engel und die Seele, welche seine Ankläger keinesweges vergaßen, brachte die Gemüther in Aufruhr,
und preßte ihnen den Fluch aus, bevor sich der
Angeklagte noch rechtfertigen konnte. Die Richter, beseelt von einem heiligen Eifer das entehrte
Gesetz zu rächen, fragten ihn, drangen in ihn,
drohten, und suchten ihm Furcht einzujagen; aber
der Beklagte antwortete auf alles nein, sagte, daß
die Verschwendung so vieler Grimassen ihn dauerte, und er nur Beweise für die Gültigkeit des Zeug-
nisses seiner Ankläger verlange.

Unterdessen hatte Morteira die Gefahr gehört,
in welcher sich sein Schüler befand; er lief zur
Synagoge, setzte sich neben die Richter, und fragte ihn, ob er die guten Lehren vergessen hätte, die
er ihm gegeben, ob so eine Empörung gegen seine
Nation die Frucht der Mühe sey, die er auf seine
Erziehung verwendet, und ob er nicht fürchte, in
die Hände des lebendigen Gottes zu fallen? Das

Aerger-

Aergerniß sey schon groß, aber noch sey es Zeit
zur Reue.

Da Morteira seine ganze Beredtsamkeit erschöpft hatte, ohne die Standhaftigkeit seines
Schülers erschüttern zu können, drang er als
Oberster der Synagoge mit einem furchtbaren Tone
in ihn, er möchte wählen, ob er bereuen, oder
sich der Strafe unterwerfen wolle; er betheuerte,
ihn zu excommuniciren, wenn er nicht augenblicklich Zeichen der Buße von sich gäbe. Unerschrok-
ken antwortete ihm sein Schüler, er kenne das
Gewicht einer solchen Drohung sehr gut, und um
ihm einen Ersatz für die Mühe zu leisten, die er
angewendet habe, um ihn hebräisch zu lehren,
wolle er ihn die Art und Weise zu excommuniciren
lehren. Bey diesen Worten spie der ergrimmte
Rabbin seine ganze Galle gegen ihn aus, schloß,
nach einigen fruchtlosen Vorwürfen, die Synagoge,
und schwor, nicht anders, als mit dem Blitze in
der Hand, zurückzukommen. Allein, er glaubte
doch nicht, daß sein Schüler Muth genug habe,
es darauf ankommen zu lassen.

Er betrog sich indessen hierin. So gut er
auch den Verstand seines Zöglings kannte, so wußte er doch nicht, wie weit seine Seelenstärke gieng.
Die Frist, die man ihm gegeben hatte, um zu

über-

überlegen, in was für einen Abgrund er sich stürzen wolle, verfloß umsonst, und man setzte den Tag der Verbannung fest.

Spinoza hörte es kaum, als er sich zu entfernen beschloß. Allein, das war nicht etwa Folge von Furcht. Ganz kaltblütig sagte er vielmehr zu dem, der ihm die Nachricht brachte: Immerhin, man zwingt mich zu nichts, das ich nicht auch ohnedem gethan haben würde, *) wenn ich nicht das Aergerniß befürchtet hätte; will man es so haben, so gehe ich meines Wegs, und bin überzeugt, daß mein Ausgang unschuldiger ist, als jener der alten Hebräer aus Egypten. (2. B. Mos. 12, 31.) Ich habe zwar eben so wenig Mittel, als sie, aber ich nehme doch niemanden etwas mit, und wie ungerecht man mich auch behandelt, so kann ich mich doch rühmen, daß man mir nichts vorzuwerfen hat.

Je weniger er seit einiger Zeit mit Juden umgieng, um desto mehr war er geneigt, Bekanntschaften mit Christen zu machen. Er trat mit verschiedenen geistvollen Männern in Verbindung, die

ihm

---

*) Zuverläßig würde Spinoza sich auch ohne Excommunication von den Juden getrennt haben. Man darf seinen Verstand und sein Herz nur wenig kennen, um sich davon zu überzeugen.

ihm sagten, es sey Schade, daß er weder Lateinisch, noch Griechisch könne, wenn er auch gleich
Hebräisch, Italiänisch, Spanisch, Deutsch, Flam-
ländisch und Portugiesisch vollkommen verstehe.
Auch sah Spinoza selbst ein, wie nützlich ihm jene
gelehrten Sprachen seyn müßten.   Allein, die
Schwierigkeit war, Mittel zu finden, um sie zu
erlernen; keine Kleinigkeit für einen Menschen, der
weder Vermögen noch Freunde hatte.   Da er immer daran dachte, und bey jeder Veranlassung
seinen Wunsch äußerte, sie studieren zu können,
both ihm van der Enden, welcher mit vielem
Beyfall lateinisch und griechisch lehrte, Unterricht
in seinem Hause an, ohne dafür eine Erkenntlich-
keit zu verlangen, als daß er mit der Zeit ihn
bey der Unterweisung seiner Schüler unterstützte. *)

C 4   Mor-

*) Wenn Kortholt in der Vorrede zu der zweyten Aus-
gabe des B. de tribus impostoribus sagt: ein Frauen-
zimmer habe Spinoza das Lateinische gelehrt, so steht
dieß mit der Angabe unsers Verfassers nicht im Widerspruche. Van der Eyden hatte eine Tochter, welche so gut Lateinisch verstand, daß sie in der Abwesenheit ihres Vaters seine Schüler unterrichten konnte. Dieses mochte nun bey Spinoza auch ie zuweilen
der Fall seyn, und sein Latein ist wenigstens so, daß
es ihn eine Jungfer. füglich gelehrt haben kann, obwohl

Morteira fühlte nun, indem er den Bannstrahl schleuderte, das ganze Vergnügen, welches niedrige Seelen in der Rache finden.

Die Verbannung der Juden hat weiter nichts besonderes. Doch, um nichts wegzulassen, was zum Unterrichte des Lesers dienen könnte, will ich die vorzüglichsten Umstände davon angeben.

Sobald das Volk in der Synagoge versammelt ist, beginnt diese Ceremonie, die man Cherem (Trennung) nennt, indem man eine große Menge schwarzer Wachskerzen anzündet und die Stiftshütte öfnet, wo die Gesetzbücher aufbewahrt sind. Dann stimmt ein Sänger auf einem erhöhten Orte mit einer klagenden Stimme den Bannspruch an, während ein andrer in ein Horn stößt, (wel-

wohl es immer unter den heutigen in dieser Sprache abgefaßten philosophischen Schriften glänzen könnte. Demoiselle van der Ende muß indessen ihren lateinischen Schülern besonders das Amo gut beyzubringen gewußt haben. Denn selbst Spinoza verliebte sich bey dieser Gelegenheit in sie, und war wirklich entschlossen, sie mit der Zeit zu heyrathen. Allein, er fand einen Nebenbuhler an einem gewissen Kerkering von Hamburg, welcher ebenfalls die lateinische Sprache erlernen sollte, und so stark auf das Herz seiner Lehrerin wirkte, daß sie ihn heyrathete.

(welches man Sophar nennt) und man die Ker-
zen umkehrt, und tropfenweise in eine Gruft, die
mit Blut angefüllt ist, herabschmelzen läßt. Das
Volk von heiligem Schauder und Wuth zugleich
ergriffen, antwortet mit einem rasenden Gebrülle:
Amen. Doch muß man bemerken, daß das Bla-
sen des Horns, das Umkehren der Kerze und die
Gruft mit Blut erfüllt, nur Umstände sind, welche man bey Gotteslästerungen beobachtet; außer-
dem begnügt man sich, den Bannspruch zu don-
nern, wie es bey dem Herrn von Spinoza der
Fall war, welchen man nur der Hintansetzung der
Ehrfurcht gegen Moses und das Gesetz, aber keiner Gotteslästerung überführen konnte.

Der Bann ist bey den Juden von so großem
Gewicht, daß die besten Freunde des Verbannten
es nicht wagen dürfen, ihm den geringsten Dienst
zu leisten, ja nicht einmal mit ihm sprechen dürfen,
ohne ein gleiches Schicksal zu befürchten: daher
auch diejenigen, welche die Einsamkeit und die Miß-
handlungen des Volkes fürchten, lieber jede andre
Strafe, als das Anathem erfahren.

Spinoza, welcher bey van der Enden eine
Freystatt gefunden hatte, wo er vor den Nach-
stellungen der Juden sicher zu seyn glaubte, dachte nur daran, sich in den Wissenschaften zu ver-

voll-

vollkommnen, und bey so außerordentlichen Talenten konnte es nicht fehlen, daß er nicht die
schnellsten Fortschritte gemacht hätte. Allein die
Juden, mißvergnügt, daß ihnen ihr Streich nicht
gelungen war, und daß der, dem sie den Untergang geschworen hatten, sich außer ihrer Gewalt
befand, klagten ihn eines Verbrechens an, dessen
sie ihn doch nicht hatten überführen können. Ich
spreche von den Juden im Allgemeinen. Denn
obschon diejenigen, welche vom Altare leben, nie
verzeihen, so möchte ich doch nicht sagen, daß
Morteira und seine Collegen bey dieser Gelegenheit
die einzigen Ankläger gewesen sind. Sich ihrer
Gerichtsbarkeit entzogen zu haben, und ohne ihre
Unterstützung zu leben, waren zwey Verbrechen,
die unverzeihlich schienen. Morteira besonders
konnte es nicht dulden, daß er in einer und derselben Stadt mit einem Schüler leben sollte, der ihn
so schimpflich beleidigt hatte. Aber was konnte
er thun, um ihn zu vertreiben? Herr von der
Stadt war er nicht, wie er es von der Synagoge
war. Doch die Bosheit unter der Decke eines falschen Eifers ist mächtig genug, und der Alte kam
wirklich zum Zwecke. Laßt uns sehn, wie er es
anfieng. Er gieng in Begleitung eines andern
Rabbinen von demselben Schlage zum Magistrate,

stellte

stellte diesem vor; daß die Verbannung Spinozas
keine geringern Ursachen habe, als die entsetzlich-
sten Lästerungen gegen Moses und gegen Gott. Er
vergrößerte seine Lüge mit allen denen Ränken, die
nur heiliger Haß einem unversöhnlichen Herzen eingeben kann, und verlangte, man solle den Beklagten
aus Amsterdam verweisen. Man durfte nur die
Wuth und Erbitterung sehen, mit welcher der
Rabbin gegen seinen Schüler loszog, um sich zu
überzeugen, daß nicht wahrer Religionseifer, sondern Privathaß die Triebfeder war, die ihn zur
Rache anreizte. Auch schickten ihn die Richter,
die es entdeckten, um ihn los zu werden, zu den
reformirten Geistlichen.

Diese befanden sich nach angestellter Untersuchung der Sache in Verlegenheit. So wie der
Beklagte sich vertheidigte, konnte man keine Gott-
losigkeit an ihm entdecken; aber auf der andern
Seite so war der Kläger doch Rabbin, und seine
Würde erinnerte die Herren an die ihrige. Alles
wohl erwogen, konnten sie nicht eins werden, einen
Menschen loszusprechen, den einer ihres gleichen
unglücklich machen wollte, ohne dem ganzen geistlichen Stande Schmach anzuthun; sie mußten
zum Vortheile des Rabbinen entscheiden. So
wahr ist es, daß die Priester aller Religionen, Hey-

den,

ben, Juden, Christen, ober Türken, statt sich
für Gerechtigkeit, Tugend und Wahrheit zu interessiren, nur auf ihren Rang und Ansehen eifer-
süchtig sind, und daß sie alle von demselben Ver-
folgungsgeiste beseelt sind. Der Magistrat, welcher aus leicht zu entdeckenden Ursachen nicht entgegen seyn wollte, verurtheilte den Beklagten zu
einem Exil von einigen Monaten. So ward der
Rabbinism gerächt; aber wahr ist es, daß es weniger geschah aus unmittelbarem Vorsatze der Richter, als vielmehr, um sich von dem Geschreye
des lästigsten von allen Menschen zu befreyen.
Ueberdem war dieser Ausspruch für Spinoza gar
nicht unangenehm, da er ohnehin Willens gewesen, Amsterdam zu verlassen. Er hatte gerade
so viel Humanioren gelernt, als ein Philosoph
braucht, und wollte sich dem Getümmel einer gros-
sen Stadt entreißen, als man auf seine Verwei-
sung brang. Die Verfolgung that also weiter
nichts, als daß sie ihn in die Einsamkeit führte,
wonach sein wahrheitforschender Geist schon längst
getrachtet hatte. Mit Freuden verließ er jetzt seine Vaterstadt, und begab sich nach Rynsburg,
eine Meile von Leyden, wo er sich nun, aller Hin-
dernisse überhoben, die er nur durch Entfernung
besiegen können, dem Studium der Philosophie
wid-

widmete. Da wenige Schriftsteller nach seinem Geschmacke waren, so überließ er sich ganz seinen eigenen Betrachtungen. *) Sein fester Vorsaß war,

*) Kein Philosoph hat wohl die Vernunft so ganz zum einzigen Maasstabe seiner Ueberzeugung gemacht, als Spinoza. Keine historischen Zeugen, keine Wunder, keine Bedürfnisse und Schwächen des Herzens konnten ihn bewegen, Sätze anzunehmen, in denen er Widerspruch mit den Grundgesetzen des Denkens entdeckte. Glaube, im theologischen Sinne, war seiner ganzen Natur zuwider. Mit unerschütterter Zuversicht provozirte er überall auf das Wahrheitsgefühl, welches ihm die Natur mit seiner Vernunft gegeben hatte, diesem durfte nichts widersprechen, was er glauben sollte; veritas, sagte er, veritati non repugnat. (Ep. XXXIV. pag. 498. Opp. Posth.)

Wer Spinozas Lage und seinen ausgebreiteten Ruhm kennt, muß sehr leicht auf die Frage gerathen, ob nicht verschiedene Religionspartheyen gesucht haben, ihn an sich zu ziehn. Ein Mann von seinem Genie würde gewiß für jede, die ihn zu gewinnen gewußt hätte, keine kleine Akquisition gewesen seyn. Sonderbar trift es sich auch hier, daß die katholische Kirche ihre magnetische Kraft versucht hat, und der ganze Umstand ist zu merkwürdig, als daß ich ihn nicht bekannter machen sollte. In keiner Biographie Spinozas finde ich ihn bemerkt. Ein junger Niederländer, Albert Burgh, ein Mensch von vielen Talenten,

(egre-

war, überall mit seiner Vernunft bis an die äußerste Gränze zu bringen, welche die Natur dem Menschen

(egregia indole, sagt Spinoza im Briefe an ihn) war in seinem Vaterlande mit Spinoza und seiner Philosophie genau bekannt geworden, (quo magis te antea pro subtilitate et acumine tui ingenii admiratus sum, eo magis te nunc defleo, sagt er selbst im Briefe an Spinoza.) Er gieng nach Italien, und nahm auf einmal die römischkatholische Religion an. Die Katastrophe würde unbegreiflich seyn, wenn uns nicht eine Stelle seines Briefes vermuthen ließe, durch welche Mittel man ihn unter die Fahne eines blinden Glaubens zu werben gewußt hatte. Ich setze die ganze Stelle her. Denn Burghs Seelenzustand hat viel Aehnlichkeit mit dem verschiedener Helden auf dem Theater unsrer Zeiten: Quam plurima enim sunt, immo innumera, quae si aliquid certi cognosci datur in rebus naturalibus, explicare tamen minime poteris; sed neque quidem apparentem talium Phaenomenorum contradictionem cum reliquorum tuis explicationibus, a te pro certissimis habitis auferre. Nullum penitus ex tuis principiis explicabis eorum, quae in *fascinatione* et *praecantationibus verborum certorum sola pronuntiatione; aut simplici illorum aut characterum in quacunque materia expressorum gestatione* efficiuntur, nec non *phaenomenorum stupendorum a Daemoniis obsessorum,* quorum omnium *ego ipse varia exempla vidi,* et innumerorum talium certissima testimonia

ſchen abgeſtochen hat, und es iſt unleugbar, daß wenig Menſchen in die Gegenſtände, welche er behan-

nia quamplurium perſonarum fide digniſſimarum et uno ore loquentium intellexi. Quid poteris iudicare de rerum omnium eſſentiis, conceſſo, quod ideae aliquae, quas in mente habes, rerum iſtarum eſſentiis, quarum ideae ſunt adaequatae, conveniant? cum ſecurus nunquam eſſe poſſis, an omnium rerum creatarum ideae in mente humana habeantur naturaliter, an vero multae, ſi non omnes in eadem produci poſſint, et revera producantur ab obiectis externis, ac etiam *per ſuggeſtionem ſpirituum bonorum, malorumve, divinamque revelationem evidentem.* Quomodo itaque non conſulens aliorum hominum teſtimonia, et rerum experientiam, ne iam dicam de ſubiiciendo tuo iudicio omnipotentiae divinae, ex tuis principiis definire praeciſe poteris, ſtabilireque pro certo exiſtentiam actualem, aut non exiſtentiam, poſſibilitatem aut impoſſibilitatem exiſtendi harum e. g. ſequentium rerum, (ſcilicet illas vel dari actualiter vel non dari, aut poſſe dari, vel non poſſe dari in rerum natura) uti ſunt: *virga probatoria ad detegendum metalla, et aequas ſubterraneas, lapis quem quaerunt Alchymiſtae; potentia verborum et characterum; apparitiones ſpirituum variorum tam bonorum quam malorum, eorundemque potentia et ſcientia et occupatio; repraeſentatio plantarum et florum in Phiala vitrea poſt illarum combuſtionem; Syrenes; homunculi in mineris ſaepiuſ ſeſe, ut fertur, oſtendentes; Antipathiae et Sympathiae rerum quam*

behandelte, so tief eingedrungen sind, als
er.

quam plurimarum; impenetrabilitas corporis humani, etc.
Nihil prorsus, mi Philosophe, etiamsi millies subti-
liore et acutiore, quam polles ingenio, praevaleres,
horum dictorum poteris determinare: et si *soli intel-
lectui tuo* in hisce et similibus diiudicandis confidis,
certe eodem modo iam cogitas de illis, quae tibi incognita aut incomperta sunt ac proinde impossibilia
habentur; sed revera *incerta* tantum, donec testimo-
nio quamplurium fide dignorum testium convictus
fueris, debent videri. Diese Stelle zeigt, wie mich
dünkt, hinlänglich, durch was für Kunststücke Burgh
bewogen worden, das spinozaische Kriterium der Wahrheit, die Vernunft zu verlassen. Allein, wie kam es,
daß der junge Mensch nun gleich an Spinoza zum Rit-
ter werden wollte? daß er ihn in einem eilf Quart-
seiten langen Briefe für die römischkatholische Kirche einzunehmen suchte? War es sein eigner An-
trieb? Oder staken Männer hinter ihm, die ihm wohl
gar den Brief diktirten? Sein Brief ist eine vollendete
katholische Dogmatik im Kleinen, mit aller Schlauheit
eines Proselytenmachers geschrieben, und ich kann mir
nicht vorstellen, daß er unmittelbar aus Burghs Feder
geflossen sey, da dieser kurz vorher nur, bald nach seiner
Ankunft in Florenz, die Religion verändert hatte. Was
aber der Brief für eine Wirkung auf Spinoza machte, das
kann man sich leicht denken. Konnte irgend eine positive
Religion nach seinem Geschmacke seyn, so war es doch
gewiß die katholische nicht, und er antwortete dem
jungen

Zwey Jahre blieb Spinoza in dieser Einsamkeit. Allein, wie vorsichtig er auch allen Umgang
mit

jungen Menschen in einem Tone, den er sonst selten
einschlug. Sein Brief verbreitet viel Licht über seinen
ganzen Charakter, und Grundsätze in Dingen dieser
Art; kann auch manchem unsrer Zeitgenossen zur Lek-
tion dienen, der entweder selbst betrogen, oder um
zu betrügen verpflichtet ist. Hier ist er:

„Was ich auf keines Menschen Bericht glauben wol-
„len, das habe ich aus deinem Briefe erfahren, daß
„du nämlich nicht nur zur römischkatholischen Kirche
„übergegangen, sondern auch ihr heftigster Verfechter
„geworden bist, und mit der Wuth eines Rasenden
„diejenigen verfluchst, die nicht mit ihr halten. Ich
„wollte dir erst gar nichts darauf antworten; aber dei-
„ne Freunde, die mit mir so viel von deinen großen Ta-
„lenten gehofft hatten, baten mich dringend, ich möchte
„als Freund an dir handeln, und nicht sowohl denken,
„was du jetzt bist, als was du warest? So entschloß ich
„mich denn, an dich zu schreiben, und bitte dich, meinen
„Brief billig zu beurtheilen.

„Ich will dir nicht, wie es die Gegner der römischen
„Kirche zu thun pflegen, die Laster und Verbrechen der
„Pfaffen und Päbste berzählen; ich gebe gern zu, daß
„sie mehr gelehrte und redliche Männer in ihrem Schooße
„hat, als iede andre christliche Kirche, welches auch
„kein Wunder ist, da sie unter allen den größten Um-
„fang hat. Du wirst aber im Gegentheile auch nicht
„leugnen können, wenn du nicht mit dem Verstande

b

„auch

mit feinen Freunden vermied, so kamen deſſenungeachtet die vertrauteſten derſelben von Zeit zu Zeit

zu

„auch das Gedächtniß verlohren haſt, daß jede Sekte
„Männer aufweiſen kann, die Gott durch Gerechtigkeit
„und Liebe ehren. Ich will dir keine Beyſpiele ſoge-
„ſinnter Lutheraner, Reformirten, Mennoniten und
„Enthuſiaſten nennen; nur an deine Vorältern laß
„mich dich erinnern, die zu Herzog Albas Zeiten alle
„Arten von Martern wegen ihrer Religion erduldet ha-
„ben, und du mußt mir zugeben, daß Heiligkeit des
„Lebens kein Eigenthum der Römiſchen Kirche, ſondern
„allen chriſtlichen Sekten gemein iſt. Da wir nur durch
„ſie wiſſen, (um mit dem Apoſtel Johannes zu reden,
„1. Br. K. 4. v. 13.) daß wir in Gott ſind, und Gott in
„uns iſt, ſo folgt, daß alles, wodurch ſich die Römi-
„ſche Kirche von andern unterſcheidet, überflüßig iſt,
„und ſich nur vom Aberglauben herſchreibt; denn Ge-
„rechtigkeit und Liebe ſind das einzige gewiſſe Zeichen
„des wahren katholiſchen Glaubens, und die Frucht des
„wahren heiligen Geiſtes; wo ſie ſich finden, da iſt
„Chriſtus, und wo ſie fehlen, da fehlt auch Chriſtus.
„Denn der Geiſt Chriſtus allein kann uns zur Gerech-
„tigkeit und Liebe führen. Hätteſt du das recht erwo-
„gen, ſo hätteſt du weder dich ins Verderben gebracht,
„noch deine Aeltern in den bitterſten Jammer über dein
„Schickſal geſtürzt.

„Du beweinſt mich in deinem Briefe, daß ich mich
„vom Fürſten der böſen Geiſter beſtricken laſſe. Ich
„bitte dich, komm wieder zu dir. Da du noch bey

„Ver-

zu ihm, und konnten sich kaum von ihm losreis-
ßen. Diese Freunde, welche fast alle Schüler des

Des

„Verstande warst, betetest du, wenn ich nicht irre, den
„unendlichen Gott an, dessen Kraft alles schaft und er-
„hält ohne Bedingung und Einschränkung; jetzt träumst
„du von einem Fürsten der Geister, einem Widersacher
„Gottes, der wider den Willen Gottes die meisten Men-
„schen verführt, die dann Gott dem Urheber der Sün-
„den zu ewigen Qualen übergiebt.

„Das läßt also die göttliche Gerechtigkeit zu, daß
„der Teufel die Menschen ungestraft betrüge, keines-
„weges aber, daß diese Menschen, die so unglücklich be-
„trogen werden, ohne Strafe bleiben.

„Doch dieser Unsinn möchte noch gehn, wenn du
„nur den unendlichen ewigen Gott anbetetest, und
„nicht vielmehr jenen, den Chastillon in Tienen unge-
„straft den Pferden zu fressen gab. — Und du Elender
„beweinst mich? nennst meine Philosophie, die du
„nicht kennst, eine Chimäre? — O du thörichter Jüng-
„ling, wer hat dich so verblendet, daß du das Unend-
„liche und Ewige in dich geschlungen zu haben wähnst!
„(o mente destitute iuvenis, quis te fascinavit, ut
„summum illud et aeternum te devorare, et in inte-
„stinis habere credas?)

„Du giebst dir das Ansehn, als ob du die Vernunft
„hören wolltest; du fragst mich: „woher ich denn wisse,
„daß meine Philosophie die beste unter allen Philoso-
„phien sey, die je gelehrt worden, noch gelehrt werden,
„und es in der Folge noch werden?“ eine Frage, die
„ich

Des Cartes waren, legten ihm schwere Fragen
vor, von denen sie vorgaben, sie könnten nur
nach

„ich wahrhaftig mit weit mehrerm Rechte an dich thun
„dürfte. Ich maaße mir nicht an, die beste Philosophie
„erfunden zu haben, aber ich weiß, daß ich ihre Wahr-
„heit einsehe, (ego non praesumo, me optimam inve-
„nisse philosophiam, sed *veram me intelligere scio:*) a)
„Fragst du, wie ich das wissen könne, so antworte ich,
„eben so, wie du weißt, daß die drey Winkel eines Tri-
„angels zwey rechten gleich sind, und damit wird sich
„iedermann befriedigen, der ein gesundes Gehirn hat,
„und

a) Spinoza will sagen, ich maaße mir nicht an, daß
meine Philosophie für alle Menschen faßlich und an-
nehmbar, für alle Schwächen und Bedürfnisse des Herzens befriedigend sey, aber das weiß ich, das sagt mir
mein Wahrheitsgefühl, dieser innre Richter, welcher
die Erscheinungen und Ideen auf die unendlichen Eigenschaften der Gottheit zurückführt, und nach ihnen
das wesentliche der Dinge bestimmt: daß ich meine
Philosophie als wahr anerkenne, daß sie übereinstimmt
mit den Gesetzen der Vernunft. — Ich kann mich hier
nicht ausführlich auf das Prinzip der Wahrheit nach
Spinoza auslassen, welches eine der erhabensten Seiten seiner Philosophie ist. Die klassische Stelle hierüber ist im 2. B. der Ethik, b. 40. Propos. 2. Schol.
Im zweyten Theile meines Werkes werde ich versuchen,
seine Idee zur möglichsten Klarheit zu erheben.

nach den Grundſätzen ihres Lehrers entſchieden
werden. Spinoza benahm ihnen ihre Irrthümer,

b 3   in-

„und nicht von unreinen Geiſtern ſchwärmt, die uns
„falſche Begriffe eingeben, welche den wahren gleich
„ſcheinen: denn das Wahre ſtellt ſich ſelbſt und zugleich
„das Falſche dar. (eſt enim verum index ſui et falſi.) ℓ)
                                                „Du

ℓ) Das Irrige nämlich iſt nach Spinoza bloß eine
Verneinung, nichts poſitives. Wenn ich alſo etwas
als wahr erkenne, und zwar klar erkenne, ſo erkenne
ich auch zugleich, daß ſein Gegentheil falſch ſey, und
es bedarf hierzu keines beſondern Schluſſes. Bewußtſeyn der Wahrheit iſt zugleich Ausſchließung des Irr-
thums. Nam nemo, qui veram habet ideam, dieß
iſt die hieher gehörige goldne Stelle des Weltweiſen:
ignorat, veram ideam ſummam certitudinem invol-
vere; *veram* namque *habere ideam*, nihil aliud ſigni-
ficat, quam *perfecte* ſive *optime rem cognoſcere;* nec
ſane aliquis de hac re dubitare potet, niſi putet, *ideam*
quid mutum inſtar picturae in tabula, et *non mo-*
dum cogitandi eſſe, nempe ipſum: *intelligere;* et
quaeſo, quis ſcire poteſt, ſe rem aliquam intelligere,
niſi prius rem intelligat? hoc eſt, quis poteſt ſcire,
ſe de aliqua re certum eſſe, niſi prius de ea re certus
ſit? Deinde, quid idea vera clarius, et certius dari
poteſt, quod norma ſit veritatis? Sane, *ſicut lux ſe ipſam*
et tenebras manifeſtat, ſic veritas norma ſui et falſi eſt.
So viel vor der Hand zum Verſtändniſſe des Briefes.

indem er sie durch entgegengesetzte Gründe befrie-
digte.   Aber — so weit geht die Gewalt der
Vor-

„Du aber, der du vorgiebst, du habest die beste Reli-
„gion gefunden, oder vielmehr die besten Männer, denen
„deine Leichtgläubigkeit anhängen kann, der du weißt,
„daß sie die besten unter allen sind, die andre Religionen
„gelehrt haben, noch lehren, und in Zukunft lehren wer-
„den? Hast du, frage ich, alle jene alte und neue Reli-
„gionen geprüft, die hier, in Indien, und in der ganzen
„Welt gelehrt werden? Oder, wenn du sie geprüft hast,
„woher weißt du denn, daß du die beste gewählt hast?
„Denn du kannst doch für deinen Glauben keinen Ver-
„nunftgrund angeben.   Du wirst sagen, du beruhigtest
„dich bey dem innern Zeugnisse des Geistes Gottes, alle
„andre würden vom bösen Feinde irre geführt und ge-
„täuscht; aber eben das sagen ja alle von ihren Religio-
„nen, die außer der Römischkatholischen Kirche sind.

„Was du aber von der völligen Uebereinstimmung
„so vieler Myriaden Menschen, von der ununterbroche-
„nen Fortdauer der Kirche u. a. D. sagst, das ist ja nichts
„anders, als das alte Lied der Pharisäer.   Denn diese
„zählen mit so vieler Zuversicht, als die Katholiken,
„Myriaden von Zeugen auf, welche mit eben so vieler
„Hartnäckigkeit, als jene der Römischen Kirche, Dinge,
„die sie nur von Hörensagen kennen, so erzählen, als ob
„sie dieselben selbst erfahren hätten.   Dann führen sie
„eben sowohl ihren Stammbaum bis auf Adam zurück,
„und prahlen mit gleicher Frechheit, daß ihre Kirche,
„trotz

Vorurtheile — es fehlte nicht viel, so hätten
diese Leute ihm den Untergang zugezogen, indem

sie

„trotz dem Haſſe der Heyden und Chriſten bis auf dieſen
„Tag unerſchüttert fortdaure. Alterthum iſt auch ihr
„wichtigſtes Document. Einſtimmig ſchreyen ſie, daß
„ihre Traditionen unmittelbar von Gott herkommen, daß
„ſie allein das geſchriebene und nichtgeſchriebene Wort
„Gottes beſitzen. Niemand kann leugnen, daß ſie eini=
„ge tauſend Jahre ohne einen Zwang der Regierung, blos
„Kraft ihres Aberglaubens ſtandhaft geblieben ſind. An
„ihren Wundern können ſich die Zungen von tauſend der
„größten Schwätzer ſchachmatt erzählen. Und womit
„ſie ſich am meiſten brüſten, iſt, daß ſie mehr Märty=
„rer berrechnen können, als irgend eine Nation, und
„daß ſich die Anzahl derſelben mit jedem Tage vermehrt;
„und das iſt keine Lüge; denn ich habe ſelbſt einen ſol=
„chen rechtgläubigen Juden gekannt, der mitten in den
„Flammen, da man ihn längſt todt glaubte, noch den
„Geſang anſtimmte: Tibi deus animam meam offero,
„und ſingend ſeinen Geiſt aufgab.

„Die harmoniſche Ordnung der Römiſchen Kirche,
„die du ſo ſehr lobſt, iſt, ich geſtehe es, politiſch genug,
„und zum Gewinnſte trefflich. Ich würde auch gewiß
„glauben, daß es, um das Volk zu betrügen, und die
„Geiſter einzuſchränken, gar keine bequemere geben
„könnte, wenn nicht die Ordnung der Muhamedani=
„ſchen Kirche jene der Katholiſchen noch weit überträfe.
„Denn ſeit der Zeit, da dieſes Syſtem von Schwärme=

„rey

sie öffentlich erklärten: Des Cartes sey nicht der einzige Philosoph, welcher befolgt zu werden verdien-
te.

„rey und Aberglauben, gegründet worden ist, hat sich in
„der Türkischen Kirche noch keine Spaltung ereignet.

„Wenn du also ehrlich rechnest, so wirst du nur
„einen wichtigen Beweis für die christliche Religion
„aufstellen können, nämlich: die historische Wahrheit,
„daß ungelehrte geringe Leute beynahe die ganze
„Welt zum Glauben an Christus bekehren können.
„Aber dieser Grund gilt von allen christlichen Sekten,
„nicht etwa blos von der Römischkatholischen.

„Allein gesetzt nun auch, deine Beweise wären blos
„von der Römischkatholischen Kirche gültig, glaubst du
„denn, du könnest damit das Ansehn dieser Kirche ma-
„thematisch erweisen? Und da du nun das nicht kannst,
„mit welchem Rechte verlangst du, ich solle glauben,
„der Teufel habe mir meine Demonstrationen eingege-
„ben? und dir habe Gott die deinen inspirirt? Zu-
„mal da ich aus deinen Briefen klar und deutlich ein-
„sehe, daß du ein Leibeigner der Römischen Kirche ge-
„worden bist, nicht aus Liebe zu Gott, sondern aus Furcht
„vor der Hölle, die die einzige Ursache alles Aberglau-
„bens ist. Soll das Demuth heißen, daß du dir
„selbst nichts glaubst, sondern nur andern? oder
„glaubst du, es sey auf meiner Seite Vermessenheit
„und Stolz, daß ich meine Vernunft gebrauche,
„und mich an diesem Worte Gottes, wel-
„ches in der Seele selbst liegt, und nie ver-
„fälscht

te. Die meisten Reformirten Geistlichen, die für
die Lehre dieses großen Genies eingenommen wa-

b 5   ren,

„fälscht werden kann, begnüge? Geh mit deinem
„unseligen Aberglauben, erkenne die Vernunft an,
„die dir Gott gab, und bilde sie, wenn du nicht un-
„ter die Thiere gezählt werden willst. Höre auf,
„widersinnige Irrthümer Mysterien zu nennen, und
„verwechsele nicht auf eine so grobe Art Dinge, die
„uns unbekannt und noch nicht entdeckt sind, mit
„solchen, deren Absurdität wir einsehn, wie es die
„abscheulichen Geheimnisse dieser Kirche sind, von
„denen du glaubst, sie überstiegen die Vernunft, da
„sie ihr vielmehr widersprechen. γ)

„Was

γ) Diese Stelle ist zu treflich, um nicht die eignen Worte Spinozas beyzufügen: Estne haec tua humilitas,
ut nibil tibi, sed ut aliis, qui a plurimis damnantur,
credas? an arrogantiae et superbiae ducis, quod ratione
utar, et in hoc vero dei verbo, quod in mente est, quodque nunquam depravari, nec corrumpi potest, acquiescam?
Apage hanc exitialem superstitionem, et quam tibi deus
dedit rationem agnosce, eamque cole, nisi inter bruta
haberi velis. Desine, inquam, absurdos errores my-
steria appellare, nec turpiter confunde illa. quae nobis incognita, et nondum reperta sunt, cum iis, quae
absurda esse demonstrantur, uti sunt huius Eclesiae
horribilia secreta, quae, quo magis rectae rationi re-
pugnant, eo ipsa intellectum transcendere credis.

ren, und das Vorrecht zu haben glaubten, in
ihren Meynungen untrüglich zu seyn, schrieen gegen

„Was übrigens den Grundsatz meines tractatus theo-
„logico-Politicus anbetrift: daß die Schrift allein
„durch die Schrift ausgelegt werden müsse, den du
„vermessen genug bist, grundlos zu nennen; so ist der-
„selbe nicht blos als Hypothese hingeworfen; seine Wahr-
„heit ist vielmehr apodiktisch demonstrirt, besonders im
„7. Kap., wo auch die Meynungen der Gegner wider-
„legt werden; ferner zu Ende des 15. Kap. Wenn du
„beliebtest, dieses alles zu erwägen, und daneben die
„Kirchengeschichte, in welcher du, wie ich sehe, ganz
„Fremdling bist, studiertest, um zu erfahren, wie falsch
„die meisten Angaben der Katholiken sind, und durch
„welche Schicksale und Ränke der Römische Bischof erst
„sechshundert Jahre nach Christus Geburt Oberhaupt der
„Kirche geworden ist, so zweifle ich nicht, daß du wie-
„der zu Sinnen kommen werdest, welches ich auch herz-
„lich wünsche. Lebe wohl!‟

Es sollte mich herzlich dauern, wenn dieser Brief
Jemanden Langeweile gemacht hätte. Jeden denkenden Kopf, dächte ich, müßten solche Ergießungen inni-
ger Ueberzeugung interessiren. Hier sehe ich den ganzen Spinoza in seinem Glauben leben und weben, sehe,
daß nicht Paradoxie Quelle seiner Grundsätze war, sondern, daß sie ihm wirklich am Herzen lagen. Selbst
der Ton, mit welchem er zuweilen auf seinen Gegner
eindringt, ist interessant; es ist nicht die Heftigkeit
eines obstinirten Starrkopfs, oder eines eifersüchtigen
Pro-

gen ein Gerücht, welches sie zu beleidigen schien,
und boten alle ihre Kräfte auf, um es in seiner
Quelle zu ersticken. Allein, sie mochten thun,
was sie wollten, das Uebel wuchs von Tage zu
Tage dergestalt, daß wirklich schon ein bürgerli-
cher Krieg auszubrechen drohte, als man beschloß,
unsern Philosophen um eine öffentliche Erklärung
über das Cartesische System zu bitten.

Herr von Spinoza, welcher den Frieden über
alles liebte, verwandte sehr gern seine müßigen
Stunden auf diese Arbeit, und ließ sie im Jahre
1663 drucken. Das Werk ist betitelt: Renati
Des Cartes Principia Philosophiae modo geo-
metrico demonstrata per Bened. de Spinoza,
apud Ioh. Ruwerts, 1663. Hierin beweist er
die beyden ersten Theile der Principia Philosophiae des Des Cartes, geometrisch, wovon er
in der Vorrede Rechenschaft giebt, welche einer
seiner Freunde, Herr Ludwig Meyer, ein Amster-
damer Arzt, in seinem Rahmen ausgefertigt hat.

Allein,

Professors, der den andern niederdisputiren will, es
ist die edle Hitze eines Mannes, der sein Eigenthum,
die Vernunft, vertheidigt, der auf vaterländischem Bo-
den kämpft, und eher untergehn, als weichen will.

Allein, was er auch zum Vortheile dieses großen Schriftstellers sagen konnte, so thaten doch die
Anhänger desselben alles, was in ihrer Gewalt
stand, um unsern Philosophen zu unterdrücken,
nach der feinen Methode des heiligen Augustins,
welcher die heftigsten Bücher gegen die Ketzerey
schrieb, um sich selbst vom Verdachte derselben zu
befreyen. Diese Verfolgung von Seiten der Car-
tesianer dauerte, so lange Spinoza lebte; allein,
weit entfernt, ihn zu erschüttern, bestärkte sie ihn
vielmehr in seinem Forschen nach Wahrheit.

Er schrieb die meisten Laster der Menschen Fehlern des Verstandes zu, und um sich davor zu
sichern, begab er sich noch tiefer in die Einsamkeit,
indem er nach Voorburg, eine Meile vom Haag,
gieng, wo er noch mehrerer Ruhe zu genießen hof-
te. Die wahren Gelehrten, welche ihn vermißten,
unterließen auch hier nicht, ihn mit Vorwürfen
und Besuchen zu beschweren, und er, der wirklich
für wahre Freundschaft Gefühl hatte, gab endlich ihren Bitten nach, das Land gegen eine Stadt
zu vertauschen, wo sie ihn mit weniger Schwierigkeit sehen und sprechen könnten. Er zog also
nach Haag, welche Stadt er ihrer gesunden Luft
wegen Amsterdam vorzog, und hier blieb er auch
sein ganzes Leben durch.

Anfangs

Anfangs wurde er hier nur von wenigen Freunden besucht, die es auch mit Mäßigkeit thaten. Allein im Haag sind immer viele Fremde. Und so wie diese alles Sehenswürdige in Augenschein nahmen, so würden die gelehrtesten von ihnen ihre Reise für verlohren gehalten haben, wenn sie den Herrn von Spinoza nicht gesprochen hätten. Da er nun bey näherer Bekanntschaft allezeit den Erwartungen entsprach, die man von ihm gefaßt hatte, so war es kein Wunder, daß die meisten Gelehrten an ihn schrieben, und sich über ihre Zweifel Aufklärung ausbaten, wie es die vielen Briefe bezeugen, welche man nach seinem Tode in den *Operibus Posthumis* herausgegeben hat.*)

Doch

*) Nicht immer konnten Spinoza'n die Anfragen seiner gelehrten Freunde angenehm seyn; bey verschiedenen wundre ich mich über seine Gedult, sie zu beantworten. So z. B. quälte ihn ein gewisser Blyenbergh sehr oft mit äußerst seichten Einwürfen gegen seine Metaphysik, und wie viel Spinoza im Grunde Lust haben konnte, sich mit ihm einzulassen, kann man schon aus der Art schließen, wie er (Blyenbergh) sich ihm ankündigte: Antequam ad postulatum accedam, ut nimirum quasdam difficultates solveres, inprimis sciendum est: me duas generales habere regulas, iuxta quas semper studeo philosophari, prior Regula est

clarus

Doch bey der großen Menge von Besuchen, die er annehmen mußte, bey dem ausgebreiteten Brief-

clarus et distinctus mei intellectus conceptus, posterior est verbum Dei revelatum vel Dei voluntas. Iuxta priorem *amator veritatis*; iuxta utramque vero, *Christianus* ut sim *Philosophus* conor; et siquando post longum accideret examen, ut naturalis mea cognitio vel videretur cum hoc verbo pugnare vel minus bene cum eo convenire, tantum hoc Verbum apud me habet auctoritatis, ut conceptus, quos claros esse mihi imaginor, mihi sint potius suspecti, quam ut eos supra et contra illam veritatem, quam in illo libro mihi praescriptam puto, collocarem. Ein Mann, der so philosophirte, konnte wenigstens Spinoza'n keine interessante Unterhaltung gewähren. Er entzog sich ihm auch wirklich endlich, da er merkte, daß er immer nur verwirrter ward, jemehr er sich Mühe gab, seine Fragen zu beantworten. Doch ist kein Briefwechsel Spinozas's komischer, als der mit einem Ungenannten über die Gespenster. (Opp. Posthh. 564. u. s. w.) Was für tiefe Einsichten dieser gute Mann dem Spinoza zutraute, sieht man aus einer Frage, die er ihm unter andern vorlegte, und die in der That manchem Geisterseher unsrer schaulustigen Zeiten Ehre machen würde, nämlich: ob es Gespenster weiblichen Geschlechts gebe? Mancher Ehemann würde vielleicht darauf decisiv genug geantwortet haben; allein Spinoza konnte sich nicht anders aus dieser Verlegenheit ziehn, als indem er den Frager auf die Evidenz der Sinnen, auf intuitive Erkenntniß verwies; er thäte am Besten, ant-

wortete

Briefwechsel, welchen er nicht abbrechen konnte,
und seinen schriftstellerischen Arbeiten blieb seinem
großen Geiste immer noch Muße übrig. Er verwandte täglich einige Stunden auf die Verferti-
gung von Mikroskopen und Teleskopen, und er
hatte so viel Fähigkeit zu Arbeiten dieser Art, daß
er gewiß, wenn ihn der Tod nicht verhindert hätte, die schönsten Geheimnisse der Optik entdeckt
haben würde.

Sein Eifer für die Erforschung der Wahrheit
gieng so weit, daß er, ob er gleich wegen seiner
schwachen Gesundheit Erholung brauchte, dennoch so wenig auf sie bedacht war, daß er drey
Monathe lang seine Wohnung gar nicht verließ.
Ja er schlug sogar eine ihm angetragene Professur
der Philosophie zu Heidelberg aus, weil er befürch-
tete, er möchte durch dieses Amt in seinem Plane
gehindert werden. *)

Da

wortete er ihm, wenn er darnach sähe. Und was konnt'
er auch wohl besseres antworten? — Dieser Brief Spinoza's über die Gespenster und Geister befindet sich in
den Oper. Posth. 569.

*) Der Kurfürst von der Pfalz ließ ihm diese Stelle durch
den Prof. Fabricius antragen. Sein deshalb an Spinoza geschriebener Brief befindet sich in den Operr.
Posth.

Da sich Epinoja so außerordentlich beeifert hatte, seinen Verstand zu bilden, so ist es nicht zu verwundern, daß alles, was er geschrieben hat, unnachahmlich ist. Vor ihm war die heilige

Posth. 561. 562. Ausdrücklich versicherte ihm Fabricius: Philosophandi libertatem habebis amplissimam, qua te ad publice stabilitam religionem conturbandam non abusurum princeps credit. Allein Epinoja antwortete: (S. 563.) Quoniam nunquam publice docere animus fuit, induci non possum, ut praeclaram hanc occasionem amplectar, tametsi rem diu mecum agitaverim. Nam cogito primo, me a promovenda philosophia cessare, si instituendae iuuentuti vacare velim. Cogito deinde, me nescire, quibus limitibus libertas ista philosophandi intercludi debeat, ne videar publice stabilitam Religionem perturbare velle: quippe schismata non tam ex ardenti Religionis studio oriuntur, quam ex vario hominum affectu, vel contradicendi studio, quo omnia, etsi recte dicta sint, depravare et damnare solent. Atque haec cum iam expertus sim, dum vitam privatam et solitariam ago, multo magis timenda erunt, postquam ad hunc dignitatis gradum ascendero. Vides itaque, Vir Amplissime, me non spe melioris fortunae haerere, sed prae tranquillitatis amore, quam alia ratione me obtinere posse credo, modo a publicis Lectionibus abstineam. Quapropter te enixissime rogo, ut Serenissimum Electorem ores, ut mihi hac de re amplius deliberare liceat etc.

lige Schrift ein unzugängliches Heiligthum. Alle
sprachen davon wie Blinde; er allein spricht wie
ein Weiser in seinem theologisch-politischen Trak-
tate. Denn noch hatte niemand die Jüdischen
Alterthümer so inne gehabt, als Spinoza.

Ob es schon keine gefährlichern, schwerer zu
ertragenden Wunden giebt, als die, welche die
Verläumdung schlägt, so hat er doch nie eine Em-
pfindlichkeit gegen die geäußert, die ihm auf solche Art zu schaden suchten. Sehr viele beeiferten
sich, seine Schriften durch die entehrendesten Lügen
zu verschreyen; er, anstatt sich derselben Waffen
gegen sie zu bedienen, begnügte sich nur, die Stellen in das hellste Licht zu setzen, welche man miß-
deutete.

Er hatte Bekanntschaft mit dem Pensionär
de Witt, welcher die Mathematik von ihm lernen
wollte, und ihn oft bey wichtigen Gegenständen
um Rath fragte. Allein, so wenig war es ihm
um Glücksgüter zu thun, daß, da nach dem Tode
dieses Herrn seine Erben Schwierigkeit machten,
ihm die Pension fortzuzahlen, die er ihm mit eigen-
händiger Unterschrift ausgesetzt hatte, er das Geld
ganz gleichgültig in den Händen der Erben ließ,
als ob er sonst Kapitalien genug hätte. Dieses
uneigennützige Verfahren rührte die Erben; sie
e   gien-

giengen in sich, und gestanden ihm dann mit Freuden zu, was sie ihm verweigert hatten. Und von diesem Gelde lebte Spinoza fast ganz allein; denn sein Vater hatte ihm nichts, als einige verwirrte Geldaffairen hinterlaffen, und Spinoza, welcher die Ruhe mehr liebte, als eine ungewisse Hofnung, und mit den Juden nichts zu thun haben wollte, ließ ihnen alles, ohne sich zu bemühen, es ihnen abzustreiten.

Diefer Weltweise that so wenig, um angesehen und bewundert zu werden, daß er noch sterbend verbot, feinen Nahmen vor feine Ethik zu fetzen, weil folches Großthun einem Philofophen unanständig wäre.

Sein Ruf war so ausgebreitet, daß er fogar in die Zirkel der Großen drang. Der Prinz Conde, der beym Anfange des letzten Kriegs in Utrecht war, fchickte ihm einen Geleitsbrief nebst einem verbindlichen Briefe, worin er ihn einlud, ihn zu besuchen.

Spinoza hatte einen zu feinen Geist, um nicht zu fühlen, was er einem Manne von dem Range Seiner Hoheit fchuldig war. Allein während er nach Utrecht reifte, hatte ein königlicher Befehl den Prinzen von da weggerufen, und er ward vom Herrn von Louxemburg in feiner Abwesenheit angenom-

nommen, und mit allen Höflichkeiten und Beweisen der Gnade seiner Hoheit überhäuft.

Die Menge von Hofleuten, welche sich hier befand, setzte unsern Philosophen in keine Verlegenheit. Er besaß selbst eine Artigkeit, die eher einen
Hofmann in ihm vermuthen ließ, als den Einwoh-
ner einer Handelsstadt; wie er überhaupt keines von
den Lastern und Fehlern seines Geburtsortes an
sich hatte. Der Prinz, der ihn gern sehen wollte,
ließ ihn oft bitten, er möchte seine Zurückkunft in
Utrecht erwarten. Allein, da er endlich schrieb,
daß es ihm unmöglich sey, wieder dahin zu kommen, so reiste Spinoza wieder zurück nach Haag.

Er hatte eine Tugend, die man selten bey einem Philosophen findet: Reinlichkeit und Anstän-
digkeit in seiner Kleidung; nichts von Affektation
und Pedanterey! Nicht Nachläßigkeit und Schmuz
im Aeußern, pflegte er zu sagen, ist das, was
uns zu weisen Männern macht; vielmehr ist jene
studierte Lüderlichkeit ein Zeichen einer niedrigen
Seele, in welcher sich die Weisheit nicht findet,
und wo die Wissenschaften nur Unreinigkeit und
Verderbniß finden.

Reichthümer reizten ihn nicht nur gar nicht,
sondern er fürchtete auch nicht einmal die unangenehmen Folgen seiner Dürftigkeit. Seine Tu-

f 2   gend

gend erhob ihn über alles, und, ob ihm schon
das Glück eben nicht günstig war, so schmeichelte
er ihm dennoch eben so wenig, als er dagegen
murrte. Waren seine Vermögensumstände äußerst mäßig, so war sein Geist hingegen überflüßig mit allem begabt, was den großen Mann ausmacht. Er war freygebig, und borgte im Noth-
falle seinen Freunden Geld mit einer Großmuth,
als ob er der reichste Kapitalist wäre. Einst erfuhr er, daß ein Mann, der ihm 200 fl. schuldig
war, banquerout gemacht hatte; weit entfernt,
darüber niedergeschlagen zu seyn, sagte er lächelnd:
ich muß mich einschränken, um den Verlust wieder
zu ersetzen. Um diesen Preis, setzte er hinzu, kauf'
ich meinen Gleichmuth. — Ich führe diesen Zug
nicht als etwas Großes und Glänzendes an; allein, der Geist eines Menschen mahlt sich zuweilen
in einer Kleinigkeit am allerbesten. Er war eben
so uneigennützig, als es die Devoten, die am meisten gegen ihn schreyen, nicht sind; und ich führe
noch ein Beyspiel an, welches ihm eben so viel
Ehre macht, als das vorige. Einer seiner ver-
trautesten Freunde, Simon von Vries, ein reicher
Mann, bot ihm ein Geschenk von 2000 fl. an, um
ihn in den Stand zu setzen, bequemer zu leben; er
schlug es mit seiner gewöhnlichen Feinheit aus,

und

und sagte, er habe es nicht nöthig. In der That
war er so enthaltsam und mäßig, daß ihm bey
dem Wenigen, was er hatte, dennoch nichts fehlte. Die Natur, sagte er, ist mit Wenigem zufrieden, und wenn sie es nur ist, da bin ich es auch.
Er verthat täglich, einen Tag in den andern gerechnet, nicht sechs Sous, und trank monatlich
nur eine Pinte Wein.

So uneigennützig er war, so billig war er
auch. Derselbe Freund, welcher ihm 2000 fl.
anboth, wollte, da er weder Frau noch Kinder hatte, ein Testament machen, und ihn zum
Universalerben einsetzen. Er sagte ihm davon;
allein Spinoza, anstatt es zuzulassen, stellte ihm
in lebhaften Ausdrücken vor, er würde der Billig-
keit und selbst der Natur zuwider handeln, wenn
er, zum Nachtheile seines Bruders, einen Fremden begünstigte, wenn er ihn auch noch so sehr
liebte. Vries ließ sich bewegen, ließ seinem Bruder die Erbschaft unter der Bedingung, dem Philosophen 500 fl. jährlich, so lange er lebte, aus-
zuzahlen. Allein, — welches Beyspiel von Un-
eigennützigkeit und Mäßigung! — Spinoza fand
die Summe die Summe zu groß, und vermochte
ihn, sie auf 300 fl. zurück zu setzen. Ein schönes
Bey-

e 3

Beyspiel, welches am wenigsten die Geistlichen
nachahmen werden.

Da er nie vollkommen gesund war, so hatte
er von seiner frühsten Jugend an die Gedult gelernt,
und Niemand hat es wohl in dieser Tugend so weit
gebracht, als er.

Er suchte nur Trost in sich selbst, und wenn
er gegen Schmerz empfindlich war, so war es der
seiner Brüder. Der Grundsatz, daß ein Uebel
leichter zu ertragen sey, wenn man es mit mehrern gemein hat, war ihm abscheulich, und er
glaubte, man könne ihn bey gesundem Verstande
nicht annehmen. Dieses mitleidige Herz preßte
ihm Thränen aus, da er seine Mitbürger ihren
gemeinschaftlichen Vater, de Witt, in Stücken
zerreißen sah, und ob er schon wußte, daß der
Mensch zu allem fähig ist, so schauderte er doch
beym Anblicke dieser Scene. Denn hier sah er
auf der einen Seite einen beyspiellosen Vatermord
begehn, auf der andern sah er sich eines erhabnen
Gönners, der einzigen Stütze beraubt, die ihm
übrig war. Doch wußte er sich zu fassen, und
da ihm ein Freund sein Entsetzen über diesen schreck-
lichen Vorfall äußerte, sagte er: Was hülfe uns
die Weisheit, wenn wir den Gemüthsbewegungen
unter-

unterlägen, wie der Pöbel, und nicht Kraft besä-
ßen, uns selbst zu erheben.

Er ließ sich von keinem Systemgeiste einneh-
men, und ließ jedermann seine Freyheit und Vorurtheile. — Faulheit und Anmaaßung, sagte er,
sind die größten und gewöhnlichsten Fehler der
Menschen. Die Einen schlummern in einer Unwissenheit, die sie unter die Thiere erniedrigt, die Andern erheben sich wie Tyrannen über den Geist der
Einfältigen, und dringen ihnen falsche Begriffe
als Orakelsprüche auf. Das ist die Ursache der
widersinnigen Meynungen, in die sich die Menschen
verlieben, das die Ursache der Spaltungen, die
sie trennen, das hintertreibt den großen Zweck
der Natur, die sie einig wünscht, wie Kinder einer
Mutter. Deßhalb, sagte er auch, können nur diejenigen die Wahrheit sehen, welche sich von den Vourthei-
len ihrer Kindheit losgerissen haben; man muß
die Eindrücke der Gewohnheit schwächen, muß die
falschen Begriffe vernichten, mit denen man uns
anfüllt, ehe wir selbst über die Dinge urtheilen
können. Sich aus diesem Labyrinthe glücklich
herauszuziehen, war nach ihm ein eben so großes
Wunder, als die Anordnung eines Chaos.

Bey diesen Grundsätzen ist es kein Wunder,
daß er sein ganzes Leben hindurch mit dem Aber-

glauben

glauben Krieg führte. Die Richtung dazu hatte
er von der Natur bekommen, und die Lehren seines
Vaters, eines Mannes von gesundem Verstande,
hatten auch viel dazu beygetragen. Er hatte ihn
gelehrt, wahre Frömmigkeit von Andächteley zu
unterscheiden. — Einst gab er seinem Sohne, der
nur zehn Jahr alt war, um ihn zu prüfen, den
Auftrag, einiges Geld zu holen, welches ihm eine
bejahrte Frau in Amsterdam schuldig war. Da
er in ihre Stube trat, las sie in der Bibel, und
gab ihm ein Zeichen, zu warten, bis sie ihr Ge-
bet verrichtet haben würde. Der Knabe that es,
sagte ihr, da sie fertig war, seine Commission,
und die fromme Alte zählte ihm das Geld auf.
„Sieh, sprach sie, das bin ich deinem Vater schul-
„dig; möchtest du auch einmal so ein rechtschaffe-
„ner Mann werden, wie er; nie ist er vom Gesetz
„Mosis gewichen, und der Himmel wird dich nur
„segnen, wenn du ihm nachahmst.‟ Da sie das
gesagt hatte, nahm sie das Geld, um es in den
Beutel des Knabens zu stecken. Allein dieser erinnerte sich, daß die Frau alle Zeichen der falschen
Frömmigkeit an sich hatte, von der ihm sein Vater
so viel gesagt hatte, ließ sich durch keine Versiche-
rung abhalten, es zu zählen, und fand, daß zwey
Dukaten fehlten, die die Betschwester durch eine
aus-

ausdrücklich zu solchem Behufe in dem Tisch ge-
machte Spalte in einen Schubkasten hatte fallen
laſſen. Dies beſtärkte den Knaben in ſeinen Ideen,
und er machte ſich es zum Geſchäfte, dieſe Gattung
von Menſchen zu beobachten.

Tugend war die Richtſchnur aller ſeiner Handlungen; allein er machte von ihr kein ſo zurück-
ſchreckendes Gemählde, als die Stoiker; er war
kein Feind edler Vergnügungen. Freylich hatten
die Genüſſe des Geiſtes den meiſten Reiz für ihn,
jene des Körpers rührten ihn nur wenig; allein,
wenn er ſich ihnen Ehren halber nicht entziehen
konnte, ſo machte er ſie mit, ohne aus dem Gleich-
gewichte ſeiner Ruhe zu kommen.

Allein, was ich am meiſten an ihm bewundre,
iſt, daß er, obwohl er unter einem Volke gebob-
ren und erzogen worden, welches der Sitz jedes
Aberglaubens iſt, ſeinen Geiſt dennoch nicht von
demſelben anſtecken laſſen, daß er von jenen Vor-
urtheilen und Irrthümern frey blieb, von welchen
rings um ihn alles eingenommen war.

In ſeiner Unterhaltung war er ſo anziehend,
daß ſeine Meynungen ſich von ſelbſt einſchmeichel-
ten. Er überredete, ohne es zu wollen, ohne
geſchmückt und zierlich zu ſprechen, blos durch

e 5   die

die Deutlichkeit und den gesunden Sinn in seinen
Ideen.

Diese schönen Talente zogen ihm den Umgang
aller Männer von Geist zu, und diese mochten ihn
besuchen, wenn sie wollten, so fanden sie ihn immer bey heitrer, angenehmer Laune. Alle stellten
sich freylich als seine Freunde; allein die Folge zeigte hinlänglich, daß die Freundschaft der meisten
nur Heucheley war. Gerade die, welche ihm am
meisten schuldig waren, behandelten ihn am un-
dankbarsten, und verläumdeten ihn, entweder um
den Großen zu schmeicheln, die das Genie nur
zu gern herabsetzen, oder um selbst berühmt zu
werden, indem sie einen großen Mann befeindeten.

Einst erfuhr Spinoza, daß einer seiner größten Bewundrer das Volk und den Magistrat gegen
ihn aufwiegle: Das war ja von Alters so, sagte
er ohne Gemüthsbewegung, daß die Wahrheit
theuer zu stehen kommt; aber die Verläumdung
soll mich auch nicht von ihr abziehen.

Unerachtet Spinoza die Ehe keinesweges für
ein Hinderniß der Arbeiten des Geistes hielt, so
heurathete er doch nicht, entweder weil er die böse
Laune eines Weibes fürchtete, oder weil er ganz
der Philosophie und dem Studium der Wahrheit
leben wollte.

Die

Die Schwäche seiner Konstitution, seine häufigen Arbeiten und Nachtwachen zogen ihm ein schleichendes Fieber zu, und er starb schon in der Mitte seiner Laufbahn, in einem Alter von fünf und vierzig Jahren.

Er war von mittelmäßiger Statur; seine Gesichtszüge waren regelmäßig, und seine Haut sehr braun. Er hatte eine angenehme Physiognomie, kleine schwarze Augen, und schwarzes gekräuseltes Haar. Sein air war portugiesisch. *)

Sein Geist war groß und tief eindringend; seine Laune überaus gefällig. Sein Scherz war so geschmackvoll, daß die feinsten und ernsthaftesten Männer sich daran vergnügten.

Seine

---

*) Vor Colers Leben Spinoza's steht sein Bildniß. Sein Gesicht bezeichnet einen starken Tiefsinn, in seinen Augen besonders herrscht eine redliche Offenheit und ein unerschütterter Muth, und sein Mund deutet eine angenehme Bescheidenheit an. Ein feiner Anstrich von Schwermuth schwebt über dem Ganzen. — Inspirirte Physiognomiker müssen es gewesen seyn, die in seinem Gesichte ein Merkmal der Verwerfung entdeckt haben. (S. die Menagiana Amstelod. 1695.) Unter dem Bildnisse beym Coler steht ausdrücklich: characterem reprobationis in vultu gerens.

Seine Tage waren kurz; allein, man muß
gestehen, daß er viel gelebt hat, wenn man be-
denkt, in wie vollem Maaße er sich die wahrhaften
Güter des Lebens, die Güter der Tugend, erworben hat, und zu welchem ausgebreiteten Ruhme
er durch seine tiefe Wissenschaft gelangt ist. Er
starb, da sein Ruhm den höchsten Grad erreicht
hatte, ohne ihn von irgend einer Seite befleckt zu
haben. Freylich erlebte er die glückliche Katastrophe seines Vaterlandes nicht, wo die Herren Ge-
neralstaaten wieder in den Besitz ihrer fast verlohr-
nen Regierung kamen; allein er entgieng auch mit
seinem Tode einem Ungewitter, welches seine Feinde ihm bereiteten. Sie hatten ihn beym Volke
verhaßt zu machen gewußt, weil er den Unterschied
von Heucheley und wahrer Frömmigkeit gelehrt
hatte.

Unser Philosoph ist also sehr glücklich zu prei-
sen, nicht allein wegen der Ehre, die er sich durch
sein Leben erworben hat, sondern auch durch die
Umstände seines Todes. Wie wir es von Leuten
wissen, die zugegen waren, hat er ihm unerschüt-
tert entgegen gesehn, als ob es ihm sehr leicht
gewesen wäre, sich für seine Feinde aufzuopfern,

opfern, damit sie ihr Gedächtniß nicht mit
seiner Ermordung befleckten.*)

Wir,

*) Diese Worte sind überaus zweydeutig. Auch Boul-
lainvilliers führt sie an, (Vie de Spinoza, 145.) und
setzt hinzu: ne conclurait-on pas de ces paroles, que
sa mort n'a pas eté tout a fait naturelle? Allein, so
wie man überhaupt von den Ursachen, weswegen man
ihn dem Volke verhaßt gemacht haben soll, und von
dem ihm deshalb bevorstehenden Schicksale keine bestimmten Nachrichten hat; so kann auch Niemand
einen Umstand auffinden, welcher die Natürlichkeit
seines Todes bezweifeln ließe. Was auch seine Feinde
davon verbreitet haben, daß er bey seinem Tode Niemand gegenwärtig zu seyn erlaubt; daß er gesagt habe:
Gott sey mir Sünder gnädig; daß ihm beym Nahmen
Gottes ein Seufzer entgangen sey; daß er Alraun-
wurz geführt habe, u. s. w. so haben doch alle seine
redlichen Gegner bekannt, daß alles dieses nichts als
Lüge sey. „J'ai recherché, sagt der Graf Boullain-
„villiers, soigneusement la vérité de tous ces faits,
„& demandé plusieurs fois à son Hôte & à son Ho-
„tesse, qui vivent encore a present, ce qu'ils en sça-
„vaient; mais ils m'ont répondu constamment l'un
„& l'autre, qu'il n'en avaient pas la moindre con-
„naissance, & qu' ils étaient persuadés, que toutes
„ces particularités étaient autant de mensonges. Car
„jamais il ne leur a defendu d'admettre qui que ce
„fût qui souhaitât de le voir. D'ailleurs, lorsque
„sa fin approcha, il n' y avait dans sa chambre que
„le

Wir, die wir noch leben, die seine Schriften
gebildet haben, die sein Beyspiel auf dem Pfade
der

„le feul Medecin d'Amſterdam, que j' ai défigné.
„Perfonne n'a ouï les paroles, qu' on prétend qu'il
„a proférées: *O Dieu, aye pitié de moi miſtrable pé-*
„*cheur;* & il n'y a d'apparence non plus qu'elles
„foient forties de fa bouche, puisqu' il ne fe croyait
„pas fi près de fa fin; & ceux du logis n'en avaient
„par la moindre penfée.   Et il ne gardait point le
„lit pendant fa maladie; car le matin même du jour,
„qu'il expira, il était encore defcendu de fa cham-
„bre en bas.   Qu' il ait chargé fon Hoteſſe de ren-
„voyer les Miniſtres qui pourraient fe prefenter, ou
„qu'il ait invoqué le nom de dieu pendant fa mala-
„die, c'eſt ce, que ni elle, ni ceux du logis n'ont
„ouï, & dont ils n'ont nulle connaiſſance.   Ce qui
„leur perfuade le contraire, c'eſt que depuis qu'il
„était tombé en langueur, il avait toujours marqué,
„dans les maux qu'il fouffrait, une fermete vraye-
„ment Stoique, jusqu'a reprimander les autres lui-
„même, lorsqu'il leur arrivait de fe plaindre & de
„témoigner dans leurs maladies peu de courage ou
„trop de fenfibilité.   Enfin, à l'égard du fuc de Man-
„dragore, dont on dit qu' il uſa étant à l'extrémité,
„ce qui lui fit perdre toute connaiſſance; c'eſt encore
„une particularité entiérement inconnue à ceux du
„logis: Et cependant c'etait eux qui lui preparaient
„tout ce dont il avait befoin pour la nourriture, auſſi-
„bien que les remedes qu'il prenait de tems en tems.

„Il

der Wahrheit aufmunterte, wir sind zu beklagen,
da er nun nicht mehr ist. Laßt uns in seine Fußtapfen treten, und ihn wenigstens durch Bewun-
drung und Lob verehren, wenn wir ihm nicht
gleich kommen können. Er wird im Gedächtnisse
aller wahren Weisen, und in ihren Schriften, leben,
welche der Tempel der Unsterblichkeit sind. *)

„Il n'est pas non plus fait mention de cette drogue
„dans le memoire de l'apothicaire, qui pourrant fuc
„le même, chez qui le Medecin de la ville d'Amster-
„dam envoya prendre les remedes, dont Spinofa eut
„befoin les derniers jours de fa vie.“ — Die Stelle
des Manuskripts erkläre ich mir so: er starb so uner-
schrocken, daß man muthmaßen konnte, es würde
ihm im Falle der Noth leicht gewesen seyn, sich durch
Selbstmord für seine Feinde aufzuopfern, um sie auf
diese Art zu verhindern, ihren Nahmen durch seine
Ermordung zu beflecken. Genauigkeit im Schreiben
ist eben nicht die Sache des Verfassers davon, er ist
in seinen Ideen nicht selten sehr schielend. — Dann,
wozu hätte er einen so dunkeln Wink geben sollen?
lieber würde er ganz geschwiegen haben; und da er
zumal kurz vorher den Spinoza eines natürlichen Todes sterben lassen, so hätte er sich auf die lächerlichste
Weise widersprochen.

*) Von den Schriften Spinozas und denen seiner An-
hänger und Gegner s. Baile im Wörterbuche unter
dem N. Spinoza, und Boullainvilliers im Leben
Spinozas vor seiner refutation des erreurs de Spinoza, S. 86—134.

Eben

Eben jetzt erhalte ich ein Buch, Supiroth Sopim
betitelt, welches unter der Aufschrift: Rom, in diesem Jahre herausgekommen ist. Dieses Buch ist
nichts anders, als der in meinem Manuskripte befind-
liche Esprit de Spinoza etc. und es ist lächerlich,
wenn es der Herausgeber für das berüchtigte Werk
de tribus impostoribus hält, da doch in demselben
Stellen aus Spinoza wörtlich angeführt werden. Wie
ich schon gesagt habe, so betrifft der kleinste Theil davon Metaphysik; und die Meynungen des Verfassers
kommen auch hier nur selten mit dem wahren Spinozismus zusammen. Der Herausgeber davon hätte
überhaupt besser gethan, diesen Schatz für sich zu be-
halten, welcher wenigstens für keinen Menschen nützlich seyn kann, wenn er nicht gar für viele verderb-
lich ist.

Einlei-

Einleitungsgespräch

über die

Abhängigkeit des Menschen,

über

Deismus, Pantheismus und

Atheismus.

sein Zimmer, um seinem Geiste durch den Anblick
der schönen Natur eine Erholung zu geben, und
zu versuchen, wie sich die abgezogenen Ideen, welche er aneinander gereiht hatte, gegen das Gefühl
der Wirklichkeit und die lebendige Anschauung der
Welt verhalten möchten. Er eilte einer Anhöhe
zu, von welcher er die ganze schöne Gegend über-
sehn konnte, und hatte schon eine ziemliche Höhe
erstiegen, als er unter einer Eiche, die sich auf
dem Gipfel befand, Jemanden gewahr ward, in
einer Stellung, welche auf tiefe Betrachtung schließen ließ. Xenophanes war schon mit sich selbst
streitig, ob er den Weg vollenden und den einsa-
men Denker stöhren, oder nicht vielmehr zurück-
gehn sollte; als er in ihm seinen Freund Parmenides erkannte, einen jungen Mann, welcher bey
einem feurigen Enthusiasmus für die schönen Künste, auch viel Neigung zur spekulativen Philosophie besaß, und mit welchen er sich eben deswegen so gern unterhielt, weil die Mannigfaltigkeit seiner Talente ihn vor Einseitigkeit in Urtheilen, dem gewöhnlichen Fehler der Philosophen,
schützte. Er eilte ihm mit verdoppelten Schritten
zu, und traf ihn, eine Zeichnung und ein Gedicht
vor sich liegend, in einem Zustande des Staunens
und des Entzückens.

»Ge-

„Gewiß, so redete er ihn an, stöhre ich meinen Parmenides im Augenblicke einer Schöpfung seiner Phantasie?

Parmenides.

Nein, Xenophanes, die Schöpfungen sind vollendet; du kommst gerade recht zum Mitgenusse, wenn auch nicht der Schönheiten meiner Werke, doch gewiß der Empfindungen meines Herzens. Nie war ich so offen für jeden Reiz der schönen Natur, nie spiegelten sich ihre Gestalten so ausgemahlt und lebendig in meiner Seele, als heute. Sieh da! die ganze schöne Landschaft auf diesem Blatte! In der Vertiefung des Thals dort habe ich eine Schäferszene angebracht; und auf jenem öden Anger dort verschiedene Grabmäler, die eine gewisse Melancholie über die lachende Gegend verbreiten. — Die Zeichnung war hingeworfen, und ich war so voll von den Erscheinungen, die auf mich zugeströmt waren, daß der Zeichner noch zum Dichter ward; ich schloß mit dieser Hymne auf die Natur. — — — O, wie beglücken uns die Künste, mein Theurer, wie beschämen sie jene düstre Philosophie, die uns Wahrheit und ächten Genuß vorspiegelt, und die Betrognen dann von dem wahren Standpunkte der Menschheit abführt, die sich mit überirrdischer Weisheit brüstet,

und

und sich doch in jedem Augenblicke von dem alltäg-
lichsten Gefühle des gesunden Menschensinnes Lügen strafen lassen muß.

Xenophanes.

Daß du doch nie die Künste anders, denn
auf Kosten der Philosophie loben kannst, welcher
du bessenungeachtet gewiß deine Dankbarkeit nie ver-
sagen wirst.

Parmenides.

Ich gesteh' es, ich bin ihr viel schuldig, und
würde eben den Enthusiasmus für sie fühlen,
welchen ich für die Künste fühle, wenn nur nicht
ihre spekulativen Wahrheiten beständig im Wider-
streite mit dem gesunden Menschensinne wären, und
Erfahrung allaugenblicklich ihre heiligsten Orakelsprüche lächerlich machte. Jetzt sollte z. B. einer
kommen, und mir demonstriren wollen, der
Mensch bestehe nicht für sich selbst, sey nicht frey,
wirke nicht nach Absicht, und wie die grotesken
Träume alle heißen — mit dieser Zeichnung und
mit diesem Gedichte wollte ich ihn zum Schweigen
bringen, ohne mich selbst weiter in spekulative
Gründe einzulassen. — — Du lächelst; willst
du etwa den Versuch machen?

Xeno-

Xenophanes.

Die Erwartungen des Mahlers von seinen Bildern und des Dichters von seinen Gedichten sind freylich unbegränzt; allein die Selbstständigkeit und Selbstwirksamkeit des Menschen durch eine Zeichnung und ein Gedicht erweisen zu wollen, — das reizt in der That zum Versuche. Wenigstens wäre der Erweiß völlig neu und unerhört.

Parmenides.

Immerhin neu und unerhört. Kurz, ich getraue mir ihn zu führen, wenn du Lust hast, ihn zu hören.

Xenophanes.

Meine Neugier ist überaus gespannt; denn eben habe ich meine Untersuchung über diesen Gegenstand völlig abgeschlossen, und mich auf immer von der Wahrheit überzeugt, daß der Mensch unaufhörlich leidet, nicht den kleinen Finger selbst in die Höhe hebt, und kein Wort durch seine Willkühr ausspricht. — Doch ich verschließe mein Ohr der Wahrheit nie: belehre mich eines bessern, wenn du kannst.

Parmenides.

Der Versuch soll mir nicht fehl schlagen. — Zweyerley gebe ich dir gleich anfangs zu: 1) daß ich meine Natur und meine Kräfte nicht mir selbst,

A 4　　　　　　sondern

sondern irgend einem Etwas schuldig bin, über
deſſen Beſchaffenheit wir hier nicht zu entſcheiden
brauchen. 2) Daß die erſte Veranlaſſung, die
erſte Idee zu beyden Werken ſich mir von ſelbſt
darboth, und ich ſie nur leidentlich aufzunehmen
brauchte. In dieſen beyden Rückſichten bin ich
abhängig, ein Spiel fremder Kräfte, ein Sklav,
wie du es nennen willſt. Ja, ich verſchenke noch
mehr, daß es nicht auf mich ankam, mir beyde
Ideen als intereſſant zu denken, ſondern daß ſie
ſich mir angenehm machten, ohne daß ich ſelbſt
etwas dazu beytrug. Aber nun auch nicht den
kleinſten Schritt zurück. Sobald ich den Stoff
zu meinem Werke hatte, ſo ſtellte ich mir ſeine
Ausführung zum Zwecke vor, ich ſpannte meine
Organe ſchärfer, um die Züge des Ganzen, welches vor mir lag, mit ſeinen flüchtigſten Feinhei-
ten zu erhaſchen, ich ſtufte die Größe der Bilder
meiner Phantaſie nach den Geſetzen der Meßkunſt
ab, verſtreute Lichter und Schatten, dichtete dort
eine Schäfergruppe, dort Grabmäler hin, regte
meine Glieder an, brachte ſie in die zum Zeichnen
nöthige Diſpoſition, regierte jeden Strich, den
ſie thaten, und bildete auf dieſe Weiſe meine
Zeichnung nach meinem Zwecke, mit völliger Willkühr, und freyem Gebrauche meiner Kräfte.

Nicht

Nicht anders beym Gedichte. Daß mich die Schönheit der Natur so außerordentlich entzückte, war
nicht Sache meiner Willkühr, das gebe ich gern
zu, war Folge einer Empfindsamkeit, die ich nicht
von mir selbst habe, und der besondern für Gefühl empfänglichen Stimmung meines Wesens in
diesem Augenblicke; allein da ich nun diese Empfindung hatte, nun kam es auf mich an, ob ich
sie verschönern und darstellen wollte, oder nicht;
ich wählte das erste, gab mir selbst den Endzweck dichterischer Komposition, verband ihm zu
Folge Idee mit Idee, suchte mir Bilder und
Gleichnisse, und bediente mich nach meinem Gefühle und meinen Absichten der Wörter und Redensarten. Das alles that ich doch wohl nur,
ich selbstständiges freyes Wesen, und that es nach
meiner Willkühr?

Xenophanes.

Der Beweiß ist in der That so reichhaltig,
daß ich nicht weiß, an welchem Gliede ich meine
Kraft versuchen soll, und gern will ich mich von
einer Wahrheit überzeugen lassen, die meinem
Triebe nach Wirksamkeit so sehr schmeichelt, wenn
du mich nur in einem Punkte befriedigen kannst;

Parmenides.

Und in welchem?

A 5   Xeno-

Xenophanes.

Wenn du mir von allen jenen Aeußerungen deiner Kraft Rechenschaft ablegen, und mir erklären kannst, wie du jene Thätigkeiten verrichtetest. Du stelltest dir die Ausführung deines Werks zum Zwecke ver; wie machtest du das? wie fiengst du es an, dir vorzustellen, daß durch deine Kräfte ein gewisses Werk vollendet werden könne, und deine Kräfte so zu postiren, und in ihrem Spiele zu lenken, daß sie auf deine Absicht hinwirkten? — Was für eine Veränderung brachtest du deinen Organen bey, da du sie zu einem schärfern Auffassen der Gestalten anstrengtest? wie verfuhrst du, indem du den großen Umfang der Landschaft in deiner Phantasie zu einem so kleinen Räumchen verengtest, und durch Zusammensetzung einzelner kleiner Striche ein proportionirtes Ganzes bildetest, nach was für einen Muster vertheiltest du Lichter und Schatten, wo nahmst du die Jdee der Schäfergruppe und jene der Denkmäler her, und endlich, wie verfuhrst du, da du deine Hand und deine Finger, deinem Endzwecke gemäß, zum Zeichnen richtetest und führtest?

Parmenides.

Verlangst du im Ernst, daß ich diese scherzhaften Fragen beantworten soll?

Xeno-

Xenophanes.

Mir ist es um nichts weniger, als um Scherz
zu thun. Nur die kleinste unbedeutendeste von allen jenen Fragen erkläre mir, und ich gestehe dir
deine Selbstwirksamkeit zu; z. B. nur so viel lehre mich, wie du es machtest, daß deine Finger
zeichneten?

Parmenides.

Hatt' ich denn meinen Zweck nicht vor mir,
nicht die Vorstellung von allen Thätigkeiten, die
zu jedem Striche erfordert werden, und die eigene
Kraft, diesen Vorstellungen gemäß auf meine Organe zu wirken?

Xenophanes.

Und, wie übtest du denn diese Kraft aus?
Was für einen Zusammenhang hat denn deine
Vorstellung mit deinen Fingern, daß diese gerade
das ausüben, was jene ihnen vorspiegelt? Eine
Vorstellung — und ein Finger — zwey Dinge
die ganz heterogen sind! Wie kann eines das andre in Bewegung setzen, und zwar in eine so ab-
gemessene Bewegung, daß die Wirkungen des einen dem andern völlig entsprechen? Wo faßt
die Vorstellung den Finger? Und wie mag der
Finger die Wirkung der Vorstellung aufnehmen?

Par-

Parmenides.

Freylich unbegreiflich, wenn man die vermit-
telnde Feder wegläßt — den Willen; dieser
knüpft das Band zwischen Vorstellung und
Finger.

Xenophanes.

Nun, so werd ich fragen dürfen, was denn
dieser Wille ist?

Parmenides.

Vermögen meine Kraft nach einem Zwecke zu
richten, um in Handlung überzugehn.

Xenophanes.

Die Vorstellung des Zwecks ist also außer dem
Willen?

Parmenides.

Nicht anders.

Xenophanes.

Der Wille also bloß Vermögen die Kraft zu
richten, um in Handlung überzugehen, — an sich
etwas ganz vages und unbestimmtes, das ohne Hinzukunft eines andern sich eben so wohl nach Osten
als nach Süden kehren kann. — Wie bestimmt
nun aber die Vorstellung dieses an sich unentschiedene Wesen? Wie macht es die Vorstellung, daß
es ihr zu Folge genau so und nicht anders wirkt?

Und

Und wie kann denn der Wille den Finger so richtig nach dem Zwecke regieren?

Parmenides.

Erinnerst du dich auch dessen, was ich gleich anfangs zugab, daß ich meine bestimmte Natur nicht von mir selbst habe? Ich gestehe dir zu, daß die Beschaffenheit meines Wesens nicht von mir selbst abhängt; ich besitze ein Gewehr, welches ich nicht gemacht habe, und von dessen Struktur ich auch keine Rechenschaft geben kann, allein nichts destoweniger kann ich doch dieses Gewehr nach meinen Absichten mit freyer Willkühr gebrauchen.

Xenophanes.

Ein Gleichnis, welches mich vergnügen, aber nicht blenden kann. Ueberhaupt kannst du mir die kleine Grille verzeihen, alle Gleichnisse zu verbitten, die sich auf willkührliche Handlungen der Menschen gründen. Es kann kein Fall deutlicher und einleuchtender seyn, als der, welchen wir eben vor uns haben. — Du glaubst dich zu retten, indem du mir zugiebst, daß du dein bestimmtes Wesen nicht von dir selbst hast, und zugleich behauptest, daß du nichts destoweniger in dem Gebrauche derer einmahl als Eigenthum erhaltenen Kräfte selbst wirkest. Ich bleibe bey
meiner

meiner Frage: wie wirkſt du denn? Sonderbar
wäre es, ſelbſt zu wirken, und zwar auf einen
Zweck hinzuwirken, und doch nicht angeben zu
können, wie man wirkt. Sollte es möglich ſeyn,
daß du mit freyer Willkühr an einen Ort reiſeſt,
ohne den Weg ſagen zu können, welchen du
nahmſt? Du giebſt vor, durch die Vorſtellung
eines Zweckes deine Finger auf eine gewiſſe Art
ſelbſt bewegen zu können. Nun iſt doch zwiſchen
der Vorſtellung und der Bewegung des Gliedes
ein Zeitraum, in welchem die letztere bewirkt wird,
wo die Kraft der Vorſtellung und des eigenen
Willens in den Finger übergeht; wenn du nun
hier das handelnde Weſen biſt, wenn du den Einfluß der Vorſtellung auf das Glied verurſachſt,
ſo kann ich mit Recht fragen, wie du bey dieſem
Geſchäfte verfährſt. Denn wenn du dieſes nicht
weißt, ſo muß entweder der Finger ſelbſt wirken,
ohne dein Zuthun, oder irgend etwas, welches
von dir ganz unabhängig iſt.

Parmenides.

Sonach handle ich wohl bey der abſichtlichen
Bewegung meiner Finger nicht mehr nach Willkühr, als bey dem Umlaufe meines Blutes, und
der ganze Unterſchied willkührlicher und unwill-
kühr-

führlicher Veränderungen ist blos in der Einbil-
dung?

Xenophanes.

Keinesweges. Nur liegt der Unterschied nicht
in der Willkühr, als Bestimmung der Handlungs-
kraft, sondern in dem mehr oder weniger hellen
und deutlichen Bewußtseyn, welches du von jeder Art deiner Veränderungen hast, und der Vor-
spiegelung derselben durch Idee. Die Benennung
der willkührlichen und unwillkührlichen ist das
πρωτον ψευδος; in Rücksicht auf das, was du
durch deine Willkühr dabey thust, sind beyde Arten nur eine und dieselbe; du thust (durch dein
Wollen) nichts, weder beym Umlaufe deines Blutes, noch beym Bewegen deiner Finger.

Parmenides.

Wahrscheinlich also auch nichts beym Gehn
meiner Füße?

Xenophanes.

Mir zu Gefallen sollst du alles dabey thun,
wenn du mir nur sagen kannst, wie du es machst,
daß du einer vorher gegangenen Vorstellung des
Geistes zu Folge, deine Füße bewegst, und zwar
so abgemessen und zweckmäßig bewegst? Denn
das kannst du nicht verlangen, die Ehre einer
Hand-

16

Handlung davon zu tragen, von der du nicht weißt, wie sie entsteht.

Parmenides.

Sonderbar, wie man durch Sophistereien in Verwirrung gesetzt werden kann. Bald werde ich anfangen zu zweifeln, ob ich allein gehe, oder von jemand geführt werde. — Laß es uns auf einer andern Seite versuchen, bey einem Geschäfte, wo der Geist ganz allein zu wirken scheint. Ich verfertigte ein Gedicht. Veranlassung und Idee dazu war nicht mein, das gebe ich dir zu, wie schon gesagt. Aber alles, was geschah, nachdem ich mir die Ausführung davon zum Zwecke vorgestellt hatte, ward durch meine eigene Selbstthätigkeit, durch dieses ich, welches wollte, und zwar deswegen nur, weil es wollte, vollbracht. Ich wählte von der ganzen Menge meiner Ideen diejenigen heraus, die auf meine Empfindung eine Beziehung hatten, und verband sie damit, ich suchte mir Bilder und Gleichnisse, welche zu lebhafter Bezeichnung derselben die passendesten waren, und drückte sie mit den richtigsten bedeutendesten Wörtern aus. — Um hier die willführliche Selbstthätigkeit des Menschen zu verkennen, müßte man seine Augen muthwillig verschließen;

Xeno-

Xenophanes.

Oder mit offenen Augen nichts sehn, weil
nichts da ist. Du wählst, behauptest du, als Dichter Ideen und Bilder, die zu deinem Zwecke pas-
sen; nun so zeige mir doch, wo befinden sich denn
deine Ideen und Bilder, daß du sie so unfehlbar
greifen kannst? wo nahmst du z. B. die Idee einer
Mutter her, womit du die Natur verglichest?

Parmenides.

Ich soll dir doch nicht etwa Fächer angeben,
wo meine Vorstellungen liegen, und dir einen Fleck
zeigen, wo man sie mit Fingern greifen kann?
Das hieße Ideen zu sehr verkörpern.

Xenophanes.

Mein Freund, wir, die wir uns vorstellen
und denken, stellen uns vor, und denken alles im
Raume, unsern Geist selbst müssen wir in einem
Punkte des Raums denken, und er wird dadurch
gar nicht verkörpert; denn so wie wir überhaupt
die Dinge nur als Vorstellungen von uns kennen,
so ist auch der Raum blos eine Idee unsers Geistes. Irgendwo außer deinem jetzigen Bewußtseyn müssen doch die Ideen und Bilder, oder wenigstens der Stoff zu den Ideen und Bildern seyn,
die du dir jetzt nicht vorstellst, und um sie absichtlich hervorzuziehn, mußt du doch dieses Ir-

B   gend-

gendwo kennen. Du beschließest in deinem Ge-
dächtniſſe eine zahlloſe Menge von ſinnlichen Bildern, Vorſtellungen von Verhältniſſen, Beſchaf-
fenheiten, Vernunftbegriffen, und in jedem Momente deines Daſeyns biſt du allezeit mit einer
Vorſtellung, einem Empfindniß, einem Beſtreben
beſchäftigt. Allein du glaubſt, du könneſt in jedem Augenblicke nach deinem Belieben Ideen und
Bilder hervorziehn, nach Einſicht ihrer Uebereinſtimmung mit deinem Zwecke; ja es ſcheint auch
wirklich, als ob du dieſes könnteſt; ſo z. B. da
du die Natur dachteſt, erweckteſt du vorſätzlich
das Bild einer Mutter, erweckteſt es deshalb,
weil es mit der Vorſtellung der Natur Aehnlichkeit
hat; ich frage dich alſo nur ſo viel: woher nahmſt
du dieſes Bild? Wie machteſt du es, daß es
erſchien, da es doch vorher nicht da war? Wenn
du es ſelbſt hervorzogſt, ſo mußt du dieſe Frage
beantworten können; wo nicht, ſo hat dir irgend
etwas, das auf dich einwirkt, oder mit dir zugleich wirkt, das Bild zugeſpielt. Alſo erkläre das
Wie, oder — gieb zu!

Parmenides.

Das Wie iſt genug erklärt, wenn ich dir
ſage, daß alles dieſes durch eine gewiſſe Fertigkeit
geſchieht, von welcher ich freylich weiter keine

Rechen

Rechenschaft geben kann, bey der ich aber doch
allein das durch Willen handelnde Wesen bin.

Xenophanes.

So mußt du mir doch sagen können, wie du
bey diesen Thätigkeiten verfuhrst, ehe sie in Fertigkeit übergiengen, und wie du es anfiengst,
daß diese Fertigkeit entstand, die dir jetzt so ungemein viel nützt. Denn, wenn du sie dir nicht
selbst erworben hast, so ist deine völlige Abhängigkeit offenbar.

Parmenides.

Du könntest einen durch Fragen von Sinnen
bringen. Freylich, wenn ich bis ins Unendliche
fort nach Wie und Warum frage, so stoße ich
überall auf Räthsel und Unerklärbarkeiten. Irgendwo muß der Mensch allezeit stehen bleiben.

Xenophanes.

Bekenne nur, was jeder denkende Mensch
ohne sich herabzusetzen, bekennen kann: daß du
selbst nie handelst. Bekenne, daß dieses dein Gedicht
nicht das Werk deines Willens ist, sondern einen
ganz fremden Verfasser hat, der dir die Hände
führte. Auch siehst du gewiß den Widersinn ein,
welcher erfolgen würde, wenn du behaupten wolltest, du selbst zögest Ideen hervor, nach der Einsicht ihrer Aehnlichkeit und Verwandschaft mit

der,

der, welche du eben jetzt vor dir haſt. Denn
woran in aller Welt könnteſt du dieſe Aehnlichkeit
und Verwandſchaft ſehen, ehe die Idee da iſt,
wie könnteſt du eine Vorſtellung beobachten und
vergleichen, (und ohne dieſes kannſt du doch wohl
nicht über ihre Beziehung auf andre urtheilen;)
ehe ſie wirklich vorgeſtellt wird? — ein offenbarer
Zirkel, der die Krankheit des auf ſeine Geſundheit
ſo ſtolzen Menſchenverſtandes und die Uebermacht
der Spekulation deutlich genug beweißt. — Nein,
brüſte dich nicht mit Thaten, die du nicht voll-
brachteſt; du bewegſt kein Glied deines Körpers
ſelbſt, rufſt keine Idee ſelbſt hervor, rufſt deinen
Diener nicht ſelbſt beym Namen, ſondern irgend
etwas außer dir macht dich fähig alles dieſes zu
thun. — Du ſcheinſt in Verwirrung gerathen
zu ſeyn? — Es iſt auch in der That etwas
ſchauerliches, zu denken, daß der Menſch eigentlich nie ſelbſt wirkt, ſondern immer nur Organ
einer fremden Macht iſt, die er nicht ſieht und
nicht kennt, daß dieſe ihm Ideen zuführt und
wieder entreißt, dieſe ſeine Glieder anregt und
lenkt, dieſe ihn fortbewegt durch die verſchiedenen
Punkte des Raums. Und man kann es dem
Dichter, deſſen Beruf es nicht iſt, in das Innre
der Dinge zu dringen, am allerwenigſten verden-

ken,

ken, wenn er der Wahrheit zum Trotze seine
Freiheit mit der blindesten Wuth lyrischer Begeisterung vertheidigt *).

Die Freyheit des Menschen.

Ha, so wär's denn? Sklaven einer Kette

Vom Polypen in des Stromes Bette

   Bis zum freisten Denker wären wir?

All' geschmiedet in die Eisenringe,

Seit die Zeit die nimmer müde Schwinge

   Ueber Gottes junge Erd' erhob? —

Ja, die Hülle sinkt vor meinem Blicke;

Vor mir liegt die Kette der Geschicke,

   Eine schreckliche Unendlichkeit;

Wie vom Blitz geknickt des Baumes Wipfel

Sinkt mein Stolz von seiner Höhe Gipfel

   Hin zum Staub', in dem der Wurm sich krümmt. —

B 3

Nichts

*) Diese Ode, welche schon vor mehrern Jahren in
den Denkwürdigkeiten des Herrn Prof. Cäsar abge-
druckt worden ist, steht, dünkt mir, hier nicht am
unrechten Orte.

Nichts denn mein von meines Lebens Thaten?
Mein kein Tritt von dieser Reise Pfaden?

    Und kein Trieb des Herzens also mein?
Mehr ich nicht, denn eine stumme Pflanze,
Die dem Schnitter zu dem Aerndtekranze
    Unbewußt die schöne Blüte beut?

Bubenthorheit meiner blinden Jugend,
Wenn ich brennend dürstete nach Tugend
    Und nach großer heißer Sympathie,
Wenn entflammt vom schwärmrischen Verlangen,
Seine Erde liebend zu umfangen,
    Feurig dieses Herz im Busen schlug.

Knabentraum, wenn dieser Hütt' entronnen,
Ich im Geiste schon zu fernen Sonnen
    Meinen schönen Siegesflug begann,
Wenn ich dann mit friedlichem Gewissen,
Kein genug die Gottheit zu begrüßen,
    Hohes Muths zum Throne wandelte.

So verzeih denn dem gestürzten Gotte,
Schwester Milbe, der mit bittern Spotte
    Einst von seinem Throne zu dir sah!
Zürne nicht dem Bruder, kleine Mücke,
Daß er einst mit der Verachtung Blicke
    Dich um seine Schläfe tanzen sah!

Nicht mehr will ich deinen Schatten hassen,
Mann, von dem die giergen Raben praffen,
    Rings gelagert um das grause Rad;
Trieb dich doch der Räderschwung der Dinge,
Riß dich doch in deinem Eisenringe,
    Armer, eine fremde Laune fort.

Zittert, Frevler nicht vor eurem Lohne!
Wandelt freyes Blicks zu Gottes Throne,
    Mit des Aeblen Schatten einen Pfad!
Tretet vor ihn, alle seine Puppen,
Und gesellt euch, wunderbare Gruppen,
    Horia und Guelfe Leopold!

Und

Und so reiche denn nach ew'gem Zürnen,
Lieblichste von Gottes schönsten Dirnen,
    Du dem Laster, Tugend, deine Hand!
Laß Religion die nichtge Grille,
Komm und trau in eines Tempels Stille
    Ohne Weigern das versöhnte Paar.

Fahre wohl, du labender Gedanke,
Der, wie ihren Stab die junge Ranke,
    Meine Seele fest und treu umschlang!
Hingebleicht ist deine schöne Blüthe,
Die so jugendlich gen Himmel glühte,
    All dein Reiz ist hin, Unsterblichkeit!

Ewges Daseyn, nimmer los von Zwange,
Stets gequält vom regen Freiheitsdrange
    Und Gefühle seiner Thatenkraft;
O Entsetzen! Ewigkeit in Ketten!
Ha, Vernichtung, du du kannst mich retten
    Vor der gränzenlosen Sklaverey.

Wer erstaunt noch ob der schönen Erde?
Nur ein Uhrwerk schlug das mächtge: Werde!
    Aus dem todten Weltenstoff hervor.
Starre Puppen ziehen seine Bande,
Wo er hinwinkt. Weltenbilder, Schande!
    Kettenzwang ist deine Harmonie.

Und doch horch! des Elends grause Stimmen!
Sieh die Myriaden, die sich krümmen
    Unter ihrer Schmerzen ewger Quaal:
Tausend schwelgen bey des Lebens Mahlen,
Tausend, Tausend flehn bey leeren Schalen
    Um den Retter in die Rasengruft. — —

Denkerin, halt ein! Die Glieder beben
Dem Schüler; Schrecken Gottes schweben
    Fürchterlich um deine Wohnung her:
Halt, Verwegne, deine Worte Dolche!
Lästre Gott nicht! Denkerin, ich folge
    Nimmer dir auf diesem Frevelpfad.

Nein,

Nein, nicht also; los vom blinden Wahne
Geh ich, Freyheit, deine stolze Fahne
    Vor der Menschheit großem Tempel wehn.
Heil! Gerettet aus des Truges Irren
Hör ich um mich keine Ketten klirren,
Rufe siegend: Seele, du bist frey!

Wie aus schreckenvollem Nachtgesichte
Aufgelockt vom sanften Morgenlichte
    Sieht mein Auge heiter um sich her;
Sey gegrüßt mir, Welt, in deiner Schöne!
Sey gegrüßt mir wieder, freyer Söhne,
    Freyer Töchter Vater, nicht Tyrann!

Mußten Ketten deine Plane halten,
O, so konntst du leichter dir aus kalten
    Felsen deine Menschenwesen haun;
Gottheit brauchte nicht in uns zu lodern
Eine Weile daseyn, dann vermodern,
    War des seelenlosen Menschen Ziel.

senkst am Seil mechanisch todte Puppen!
Und sie kämpfen — wunderkühne Truppen! —
    Wie Leonidas für's Vaterland.
Leite sie an feingeschlungnen Ketten
In des Stromes Höhe, und sie retten
    Muthig, wie der deutsche Leopold.

Aber nein! im größten aller Staaten
Sollte jeder Bürger seiner Thaten
    Schöpfer und Vollender selber seyn;
Durch der Wege tausendfache Krümmen
Sollten alle jenen Fels erklimmen,
    Wo die Palme der Vollendung weht.

Jedem gab er Kraft zu seiner Reise,
Und zur Dauer auf dem rauhen Gleise.
    Zeigt er ihm das ferne große Ziel.
Zittre, Wandrer, nicht vor einem Falle!
Dort am Ziele treffen sie sich alle,
    Der Gefallne und der nimmer fiel.

                               Aber

Aber schändlich! Wer mit Schneckenschliche,

Troz des innern Dranges Sporenstiche,

Die Vollendungspfade wandelte!

Schändlich! Die mit ihm den Pfad betraten,

Ruhten längst von ihrer Reise Pfaden,

Wenn er noch Aeonen träumend schleicht.

Heil! Verflogen sind um mich die Nächte,

All gerettet, Tugend, Deine Rechte;

Deine Blüthe lebt, Unsterblichkeit!

Freyheit, meine Loosung! keine Bande!

Rüstig, Waller, fort zum fernen Lande,

Wo Vollendung dein und Ruhe harrt.

Wie kommen dir nach dem allen, was wir vorhin sprachen, die Ideen vor, welche dieses Gedicht enthält?

Parmenides.

Es sind unstreitig solche, die sich jedem menschlichen Geiste von selbst aufdringen.

Xenophanes.

Darum aber doch nichts mehr als Täuschungen, Paroxysmen des Gefühls, welche die Grundsätze säße der Vernunft nicht um ein Haar verrücken. Der menschliche Wille ist ein ohnmächtiger Regent, den eine Menge Räthe unvermerkt Schritt für Schritt fortgängeln, der aber durch eigene Kraft nichts auszurichten vermag; im Grunde also nicht einmal ein Regent, nur eine Null. —

Parmenides schwieg, allein sein Stillschweigen war nicht sowohl Folge von Ueberzeugung als von Verwirrung, in welche ihn Xenophanes durch seine Gründe versetzt hatte, und dieser wartete wohlbedächtig das Sediment der Gährung ab, die in ihm rege war, ohne ihn durch Zudringlichkeit zu übereilen. —

Wenn nun aber, so fuhr Parmenides endlich fort: dem wirklich also wäre, wie es scheint, wenn dieses ich durch seine Willkühr nie eine Quelle von Handlungen wird; — was ist denn am Ende dieses ganze ich, welches ich so lebhaft fühle, und durch welches ich eigentlich erst zu einem selbstständigen Wesen werde?

Xenophanes.

Eine Frage, die wir eher hätten aufwerfen sollen, um uns viele Weitläuftigkeiten der De-
mon-

monstration zu ersparen. — Nun, was denkst
du dir denn bey diesem ich, welches so außerordentlich viel vermag?

Parmenides.

Ich gestehe dir es, ich bin in einiger Verwirrung darüber, und weiß diesen Augenblick wahrhaftig nicht — —

Xenophanes.

Bekenne nur offenherzig, so viel dein ich
auch für deine Empfindung seyn mag, so wenig
ist es für deinen Verstand. — Sieh es so scharf
an, als du kannst, trenne von ihm jeden fremden
Zusatz, und ich frage dich, was bleibt mehr, als
— ein leeres Gefühl?

Parmenides.

Doch nicht so ganz leer, als du es vorstellst.
Es ist die Summe meiner physischen und geistigen
Kräfte, das Centrum, in welchem alle Veränderungen meines Zustandes, die Resultate aller Beziehungen meines Wesens gegen andre zusammen lau-
fen, und so, ein helles von allen Seiten begränztes Bewußtseyn meiner selbst bilden.

Xenophanes.

Das wäre dein ich wirklich? In ihm wäre
also enthalten Sinnlichkeit, Empfindung, Wille,

Ein-

Einbildungskraft, kurz alle Vermögen deiner
Natur?

Parmenides.

Nicht anders.

Xenophanes.

Und zwar nicht blos durch Zusammenhang,
sondern sie alle wären im eigentlichen Sinne in
ihm, oder vielmehr machten das ich selbst aus.
Nun sehe ich wohl, daß alle Thätigkeiten jener
Kräfte das ich mit sich führen; allein ich finde
nie, daß das ich irgend eine Thätigkeit veran-
laſſen kann. Mithin bin ich geneigter zu glauben,
daß es jenen Kräften angehört, als eine Wirkung, denn daß es selbst jene Kräfte besitze und
in ihrem Spiele leite. Wenn du das letztere an-
nimmst, so machst du die Wirkung zur Urſache,
und die Urſache zur Wirkung. Was du deine
Kräfte nennest, das sind fremde Kräfte, welche
erst dein Selbstgefühl hervorbringen, und dich
fähig machen müſſen in einen gewiſſen Bewußtſeyn
eigener Weſenheit zu exiſtiren.

Parmenides.

Was wäre denn nun aber von allem dem,
was ich besitze, mein?

Xeno-

Xenophanes.

Wenn das nur unser ist, was wir uns selbst
erworben haben, oder dessen wir uns nach Willkühr bedienen können, so ist nichts dein. Inwiefern du aber einmal bist, dich als etwas von
den übrigen Dingen gesondertes fühlst, und einen gewissen Theil des Universums anschaust;
kannst du jedes Bewußtseyn, jedes Gefühl, jede
Vorstellung dein nennen, nur, ohne damit den
Begrif von Selbstthätigkeit und Willkühr zu ver-
binden.

Parmenides.

Im Grunde sage ich damit nie etwas mehr,
als: ich bin. Aber was bin ich denn nun eigentlich meinem Wesen nach?

Xenophanes.

An und für dich betrachtet, in jedem Augenblicke ein Bewußtseyn, oder ein Gefühl, oder eine
Vorstellung, oder ein Bestreben; im Ganzen deiner Existenz eine Reyhe bewußter Gefühle, Vorstellungen, Bestreben, die aber von ihrem Innhal-
te natürlich nicht die geringste Rechenschaft geben
kann. Fragst du hingegen, was du bist, in
Beziehung auf alle die Wesen, welche um dich
sind, so ist die Frage etwas schwerer. Du bist
nicht durch dich selbst da, das wäre widersinnig,

der

der Grund deines Seyns ist also außer dir; dein
ich entsteht, wird aus gewissen unbekannten Kei-
men uud Kräften entwickelt; die Art deines Seyns,
deine Zustände werden ebenfalls durch Dinge bestimmt, welche du nicht kennst, und in ihrer
Wirksamkeit weder fördern, noch hindern, noch
richten kannst. Du bist also für dich allein im
Grunde nichts, nur ein Glied eines großen Ganzen; du bist nicht getrennt von den übrigen Dingen, sondern du hängst innig mit ihnen zusammen, bist mit ihnen allen Eines.

Parmenides.

Aber, sage mir, empört dich der Gedanke
nicht, daß du ganz Sklav, oder, was sage ich!
noch weit weniger, an dir im Grunde gar nichts
seyn solltest. Wer würde nicht lieber gar nicht
seyn, als einem unbekanntem Etwas zum beständigen Spiele dienen wollen?

Xenophanes.

Freylich, wenn man bey diesem Gedanken
stehn bleibt, so ist es eine trostlose Wahrheit. Allein wenn man ihn weiter verfolgt (und kein
Mensch wird sich wohl bey ihm befriedigen können), so kann er uns, wie abschreckend er auch auf
den ersten Anblick war, in die Arme einer beruhi-
genden Religion führen. Wer sich überzeugt hat,

C   daß

daß er nie selbst handelt, unaufhörlich unter dem
Einflusse fremder Kräfte steht, wie empfänglich
muß ein solcher nicht für den Glauben an das
Daseyn eines Gottes, und eines vorsehenden Verstandes seyn!

Parmenides.
Ein ganz neuer Weg zur Religion.
Xenophanes.

Eben so wenig neu, als es die Idee, von der
Abhängigkeit des Menschen in seinem Daseyn und
seinen Kräften, selbst ist. — Längst schon hat
man behauptet: Furcht sey die Ursache des Glaubens an Götter; und wenn auch dieser Gedanke
die ganze Entstehung desselben nicht erschöpft, so
kann man doch nicht läugnen, daß Furcht einen
großen Antheil daran hat. Nur so lange der
Mensch, ohne sich selbst in seinen wahren Beziehungen gegen die Welt zu betrachten, in einem
gedankenlosen Schlummer fortlebt, kann er einen
Gott entbehren; allein so bald er einen scharfen
Blick auf seine Natur wirft, sobald er erkennt,
wie ganz ohnmächtig, wie abhängig er in seinem
Daseyn Kräften und Veränderungen ist, wie so
wenig Rechenschaft er selbst von denenjenigen seiner Wirkungen geben kann, wo er freye Willkühr ausgeübt zu haben schien; dann treibt ihn
das

das Bedürfniß seiner Ruhe zu dem Glauben eines
unendlichen Wesens.

Parmenides.

Du stellst dich, schlau genug, als ob du
nicht bemerktest, daß diese Ueberzeugung von einer
gänzlichen Abhängigkeit, eben sowohl zum Atheismus und Pantheismus, als zu einem trostvollem
Deismus führt; und es ist immer noch die Frage,
wohin man bey dem Schauspiele der Unvollkom-
menheiten und des tausendfachen Elendes der
Welt am leichtesten hingeräth.

Xenophanes.

Zum Atheismus, Freund, kann die menschliche Vernunft nie führen, wenn sie an Bündigkeit im Schließen und Glauben gewöhnt ist.

Parmenides.

Also ist ein Atheist in deinen Augen ein Verrückter?

Xenophanes.

Diese Frage kann ich nicht beantworten, ohne
mich vorher über den Begrif eines Atheisten zu erklären. Diese Benennung ist etwas vieldeutig.
Man nennt einen Atheisten bald den, welcher
leugnet, daß es eine persönliche Gottheit gebe,
die den allervollkommensten Verstand und Willen
besitze, und nach vorhergedachten Absichten und

C 2 　　　　　　　End-

Endzwecken handle, bald den, welcher der Vernunft die Fähigkeit abspricht, Beweißgründe für das Daseyn eines solchen Wesens zu erdenken, bald auch den, welcher daran zweifelt, ob ein Gott sey. In allen drey Fällen misbraucht man das Wort. Der, welcher eine persönlichen Gottheit leugnet, verwirft darum nicht jeden Begrif dieses Wesens; denn die Persönlichkeit ist keineswegs das essentielle in demselben; der, welcher der Vernunft das Vermögen abspricht, Gottheit zu erweisen, kann entweder durch Gründe der Moral und der Offenbahrung zur festesten Ueberzeugung von der Wirklichkeit einer Gottheit gelangen, oder sein Urtheil zurück halten, und weder glauben, daß ein Gott, noch daß keiner ist, und der, welcher bloß zweifelt, ist unentschieden, und kann zu keiner Parthey gerechnet werden. Atheist ist nur derjenige, welcher durch Vernunftgründe erweisen zu können glaubt, daß kein Gott sey, welcher die Idee dieses Wesens und die Ueberzeugung von seinem Daseyn für widersinnig hält. Und auf diese Meynung kann bey gesunder Vernunft kein Mensch gerathen, ein solcher Atheist ist in meinen Augen wirklich ein Verrückter. Denn Verrückung ist es doch wohl, wenn man die Grundgesetze der Vernunft, die evidentesten Wahrheiten der Menschheit,

bey

bey seinem Denken verläßt, wenn man sich eine Meynung in den Kopf setzt, die dem Satze wider spricht: jede Wirkung hat eine Ursache? Und das wäre der Fall bey einem wirklichen Atheisten. Allein ich kenne auch in der That keinen einzigen Philosophen, der dieses so allgemein, so ohne Einschränkung behauptet hätte. Der größte Theil der sogenannten Atheisten trift vielmehr am Ende mit dem Deisten fast ganz zusammen.

Parmenides.

Du häufst Paradoxie auf Paradoxie.

Xenophanes.

Auch diese wird aufhören es zu seyn, wenn man sie näher betrachtet. — Vor allen Dingen müssen wir uns aber über den Begrif der Gottheit einverstehn. Was ist in diesem wohl das essentielle?

Parmenides.

Unstreitig, daß es ein von der Welt verschiedenes Wesen sey, welches den vollkommensten Verstand und Willen besitze, die Welt nach gedachten Gesetzen der Vollkommenheit erschaffen habe, und nach ebendenselben regiere. Jeder andere Begrif ist falsch, und wenn man z. B. ein Wesen, welches mit der Welt eines, mit ihr zugleich ewig seyn, weder Verstand noch Willen besitzen soll, Gott

C 3   nennt,

nennt, so mißbraucht man diesen Nahmen auf die
gröbste Art; eben so wohl, als man mit Worten
spielt, wenn man eine materielle Kraft, welche
das Denken bewirken soll, Seele nennt.

Xenophanes.

Ein harter Ausspruch, dessen Gültigkeit mir
aber nicht einleuchten will. — Bedenke wohl,
daß wir hier nicht in der Sphäre geoffenbarter
Religion sind, sondern in den Regionen der Vernunfterkenntniß. Nun wird die Vernunft durch
gewisse Fragen, welche sie sich ihrer Natur nach
vorlegen muß, und denen Beantwortung für sie
Bedürfniß ist, zur Bildung des Begriffes einer
Gottheit geleitet. In diesen Fragen kommen alle
Menschen mit einander überein, und dasjenige,
wodurch man Aufschluß über jene Fragen bekommt,
ist das wesentliche im Begriffe der Gottheit. Wenn
ich nun zeigen könnte, daß der Begrif eines Wesens, welches mit dem Ganzen der Welt Eines
und mit ihm gleich ewig ist, und, ohne Verstand
und Willen zu besitzen, die Erscheinungen derselben
aus sich entwickelt, die Aufgaben der Vernunft
eben so befriedigend löst, als jener eines von der
Welt unterschiedenen mit Verstand und Willen be-
gabten Wesens; so seh ich nicht ein, warum jener
Begrif den Namen Gott nicht eben sowohl verdienen

dienen sollte, als dieser, und mein Satz wäre erwiesen, daß der vermeynte Atheist mit dem Deisten in der Hauptsache, dem essentiellen des Begriffes, zusammen trift. Ganz anders ist es mit dem theologischen Begriffe, mit dem Gotte der Offenbahrung. Statt daß der Gott der Vernunft bloß ein Begrif ist, welchen sie sich bildet, um gewisse Räthsel zu lösen, um Einheit und Vollendung in ihre Erkenntnisse zu bringen, so ist der Gott der Offenbahrung ein wirkliches Objekt, welches gegeben ist, und welches man, (wenn es wirklich gegeben, nicht von betrügerischen Zeugen erdichtet worden;) genau so zu denken verpflichtet ist, wie es gegeben ward.

Parmenides.

Du spannst meine Neugier sehr. — Im voraus aber warne ich dich, die Fragen, welche die Vernunft zur Bildung des Begrifs der Gottheit leiten, nicht, wie es gewöhnlich in diesem Falle zu geschehn pflegt, unvollständig aufzuzählen, und armselig darzustellen.

Xenophanes.

Eine Unredlichkeit dieser Art von mir zu befürchten, war mein Freund wohl nicht berechtigt.

Atheist

Atheist und Deist haben beyde ein gleiches Bedürfniß, folgende Fragen zu beantworten: Woher ist die Welt, woher ich? — Wie ist
das Wesen beschaffen, welches den Grund
meines Daseyns, und meiner Natur enthält? — Wie verhält sich die Welt gegen dieses Wesen? — Was für Hofnungen kann ich wegen meiner künftigen Schicksale, dem erkannten Verhältnisse der Welt gegen ihre Ursache zu Folge, fassen? — Wie
muß ich ihm gemäß meine Handlungen einrichten. — Du wirst mit mir darüber einig seyn,
daß die ganze Vernunftreligion in der Beantwortung dieser fünf Fragen beruht.

Parmenides.

Ich wüßte außer denselben keine. — Und die
Beantwortung dieser Fragen sollte bey beyden an
Ende auf Eines hinauslaufen?

Xenophanes.

Einige Kleinigkeiten der Vorstellungsart ab
gerechnet, auf Eines und Dasselbe. Einer kan
durch seine Begriffe eben soviel Befriedigung,
Ruhe und Trost bekommen, als der andere.

Parmenides.

Wir wollen versuchen. — Woher die
Welt? woher ich selbst? war die erste gemein-
schaft-

schaftliche Frage. Der Deist befriebigt gewiß jeden Vernünftigen durch seine Antwort: Ein ewi-
ges, nothwendiges, höchstvollkommenes Wesen
hat sie einmal geschaffen, nach gedachten Endzwecken der Vollkommenheit, Gerechtigkeit und Güte.
Die Welt ist ein Werk seiner Allmacht; allein der
Stoff zu ihr ist eben so wenig aus demselben emanirt, als er sich außer ihm vorfinden konnte, ehe
etwas war. Sie ward aus nichts erschaffen;
den Aktus dieser Schöpfung zu erklären übersteigt
unsre Kräfte.

Xenophanes.

Die Antwort des Atheisten ist nicht weniger
befriedigend. Gottheit und Welt, sagt er, kann ich
mir nicht als zwey völlig gesonderte und der Materie nach von einander gänzlich verschiedene Wesen denken, wovon das eine das andere irgend
einmal geschaffen habe, ohne daß der Stoff dazu
aus den schaffenden Wesen emanirt, oder außer
ihm schon vorhanden gewesen wäre. Ich unter-
scheide nur die mir erscheinende Welt von dem Innern der Welt. Alles, was ich rings um mich
sehe, sind vorübergehende Ausdrücke, Wirkungen
der Naturkräfte, im Ganzen und dem Substan-
ziellen nach mit denselben gleich nothwendig, gleich

C 5 ewig,

ewig, innigst mit ihnen verbunden, mit ihnen Eines. — Ich frage dich, wer von beyden, der Atheist oder der Deist hat mehr Aufschluß über die Frage von der Kauffalität der Welt? Beyde wenigsten gleich vielen.

Parmenides.

Unmöglich. Der hat doch wohl den meisten, der den wenigsten Widersprüchen ausgesetzt ist. Nun ist es in jeder Rückßicht vernunftmäßiger, ein Wesen anzunehmen, welches in keinem innern Zusammenhange mit den Geschöpfen steht, welches die Nothwendigkeit und Ewigkeit des Daseyns nicht mit ihnen gemein hat, sondern allein nothwendig und ewig ist, und eben deßhalb Schöpfer des Zufälligen werden, eben deßhalb die Zeit entstehen laffen konnte, da vorher keine war; als ein solches, welches mit der Welt gleich nothwendig, gleich ewig, mit ihr völlig eines seyn soll, welches immer hervorbringt, entwickelt, veründert, und immer nur sich selbst wieder hervorbringt, entwickelt und veründert; und doch dabey an sich nicht die geringste Verwandlung erleidet, ein Wesen, welches zugleich Ursache und Wirkung, den Gesetzen der Zeit unterworfen und zugleich von denselben völlig frey ist. Jede menschliche Vernunft

nunft, dächte ich, müßte sich auf die erste Meynung neigen, jede wenigstens, welche Denkbarkeit und Zusammenstimmung zum Gesetze ihrer
Ueberzeugung und Glaubens gemacht hat.

Xenophanes.

Und ich dächte, gerade diese müßte nothwendig auf die letzte gerathen. Darüber sind ja
die Weltweisen einig, daß Schöpfung aus
Nichts ein Begrif ist, welchen keine menschliche
Vernunft, wenn sie blos den Gesetzen ihrer Natur
folgt, bilden kann. Der über alle Fassungskraft erhabene Gedanke, daß ein Wesen etwas
hervorbringen könne, ohne den Stoff dazu aus
sich zu nehmen, oder außer sich vorzufinden, daß
Ewigkeit in Zeit übergehen könne — der müßte
offenbart werden, nicht um begriffen, sondern
um geglaubt zu werden. — Da wir nun aber
jetzt blos unsre Vernunft hören, da die deistische
Meynung auf Schöpfung aus Nichts hinaus-
kommt, da unsre Vernunft, wenn sie keine hö-
here Verpflichtung hat, vom Gesetze der Ge-
denkbarkeit abzuweichen, diesen Gedanken nothwendig verwerfen muß, so lange es noch einen
andern ihr begreiflichen giebt; so ist es ja offenbar,
daß die letzte Meynung auf das allerwenigste mehr
befriedigt, als die erste, wenn nicht diese etwa
gar

gar für die sich selbst überlassene Vernunft ganz null ist.

Parmenides.

Allein im Grunde leistet diese doch gar nicht, was geleistet werden soll. Aufgabe war: die Kauffalität der Welt zu erklären; und sie macht die Ursache zugleich zur Wirkung, und die Wirkung zur Ursache, das heißt, sie giebt gar keine Ursache an.

Xenophanes.

Nichts weniger als das. Nur stellt sie die Ursache der Welt nicht als vorübergehend, sondern als innwohnend vor. Und wo wäre denn das Gesetz gegründet, daß man nur von solchen Veränderungen Ursache zu nennen sey, welche man an Dingen außer sich hervorbringt? Ein Wesen ist eben sowohl Ursache, oder vielmehr, es kann von Nichts mit dem Rechte, so im strengsten Sinne des Wortes Ursache genennt werden, als von den Ausdrücken und Aeußerungen seiner Kräfte.

Parmenides.

Allein, das wirst du mir zugeben, daß man bey dieser Meynung keinen Gott hat.

Xeno-

Xenophanes.

Wenn Ursache der Welt das substanzielle-
ste dieses Begriffes ist, so hat man hier eben sowohl einen Gott, als bey jeder andern Meynung
der Vernunft.

Parmenides.

Nicht blos Ursache, sondern außerweltliche
Ursache ist das substantielleste des Begriffes.

Xenophanes.

Diese Bestimmung, verzeihe mir, trägst du
erst hinein. Die Frage des Atheisten und Deisten
war: woher diese mir erscheinende Welt, was hat
sie für eine Ursache? Jener nimmt die Kräfte der
Natur, dieser ein von ihr ganz unabhängiges Wesen an; beyde haben das, was sie suchten, eine
Ursache der Erscheinungen der Welt. Ob diese
außerweltlich, oder innweltlich, innwohnend,
oder vorübergehend sey, daß liegt nicht in der
Frage. Jeder nennt seinen Begrif mit gleichem
Rechte: Gott.

Parmenides.

Ich darf es unterdessen zugeben; denn bey
den übrigen Fragen, denke ich, soll der Abstand
beyder Meynungen noch mehr einleuchten. Jetzt
also zur zwoten.

Wie

Wie ist, so fahren beyde fort: das Wesen beschaffen, welches den Grund des Daseyns der Welt und meiner selbst in sich befaßt?

Xenophanes.

Dieses heißt doch wohl nichts anders, als:
wie muß ich mir dasselbe denken?

Parmenides.

Richtig. Alles, was wir behaupten, behaupten wir in Beziehung auf menschliche Vorstellungsart und Vernunft. —

Dieses Wesen, antwortet der Deist: ist von
der Welt gesondert, besitzt den allervollkommensten Verstand und Willen und unbegränzte Schöpferkraft; — eine Antwort, welche in jeder Rücksicht völlig befriedigend ist, die einzige, vermittelst welcher man Erklärung über alle Erscheinungen und Eigenschaften der Welt bekommt. Ich
bin neugierig, durch welche Spitzfindigkeiten du
die Meynung des Atheisten dieser an die Seite setzen wirst.

Xenophanes.

Die Kräfte der Natur, sagt dieser: erscheinen mir
nie, wie wollte ich also etwas gewisses über ihr Wesen
bestimmen. Soviel ist gewiß, sie hängen mit
den Erscheinungen der Welt, als ihren Ausdrücken,

cken, innigst zusammen, sie sind mit ihnen eines.
Nach Gedanken und Absicht wirken sie nicht, denn
durch Gedanke wird nirgends etwas hervorgebracht. Sie besitzen nicht einmal die Kräfte,
welche wir (an ihren Ausdrücken, Modifikazio-
nen,) Verstand und Willen nennen. Sie wirken
nach der Nothwendigkeit ihrer Natur. Nun seh
ich in ihren Wirkungen überall Ordnung und
Harmonie, und schließe, daß sie nicht etwa isolirt
wirken, sondern einen innigen Zusammenhang
haben, ja, daß sie einer höchsten, regierenden
Kraft subordinirt sind. Diese Grundkraft der
Welt kann ich an sich nie erkennen, und es würde
lächerlich seyn, mir davon ein Phantasiebild entwerfen zu wollen, welches sich die Vertheidiger
einer persönlichen Gottheit immer erlauben, und
welches auch unserm Geiste sehr natürlich ist, welcher alles nur zu gern vermenschlicht und personifizirt. Allein bey aller meiner Unwissenheit über
die innre Beschaffenheit dieser Kräfte, bey meinem
Unvermögen, andre als negative Eigenschaften
derselben anzugeben, bin ich doch davon fest
überzeugt, daß die Welt nothwendiger Ausdruck
einer solchen Grundkraft ist." — Wer hat nun
bey seiner Antwort mehr Befriedigung? Einer
wenigstens soviel als der andre.

Par-

Parmenides.

Nimmermehr. Der Deist hat unstreitig den Vorzug. Er nur kann durch seinen Begrif der Gottheit die Erscheinungen der Welt erklären. Der Atheist mit seiner Verstand- und Willenlosen Kraft stößt überall auf Räthsel, oder geräth mit sich selbst in Wiederspruch. Denn Wirkungen von Verstand und Willen kann er in der Welt nicht verkennen, und doch leugnet er die Ursache, den Verstand und Willen selbst.

Xenophanes.

Laß uns redlich verfahren, mein Freund. Der Atheist sieht nirgends in der Welt Wirkungen von Verstand und Willen, sein Gott handelt nicht nach vorhergedachten Planen, und Endzwecken, sondern nach den Gesetzen der Nothwendigkeit seiner Natur. Er würde ihn herabzusetzen glauben, wenn er ihn nach Ideen und Regungen eines Willens wirken ließe. Nichts destoweniger sind ihm die Eigenschaften und Erscheinungen der Welt gerade soviel begreiflich, und erklärbar, als sie es jenem sind, welcher seine Gottheit mit Verstand und Willen begabt. Denn, was in der Welt mögen mir diese Begriffe von der Wirkungsart der Gottheit erklären? Sie sind von der menschlichen Natur auf sie übergetragen, und haben also schon

deß-

deßhalb wenig Wahrscheinlichkeit für sich. Allein
die ganze Uebertragung beruht noch dazu auf einer
groben Täuschung; denn selbst unter Menschen
wird ja durch Verstand und Willen nichts wirklich. Und wenn dieses auch geschähe, so würden
doch beyde Kräfte Ohnmacht und Mangel ver-
rathen, und also auf die Gottheit nicht anwendbar seyn. — Der Unterschied beyder Meynungen ist also kein andrer, als der: Der Atheist beruhigt sich bey dem Begriffe einer Kraft, welche
die Welt nach den Gesetzen der Nothwendigkeit ihrer Natur aus sich wirkt, in ihren übrigen positiven Eigenschaften aber für ihn unerkennbar ist;
Der Deist personifizirt die Grundursache der Welt,
und bildet sich, nach dem Bedürfnisse seiner Phantasie, einen erhöhten Menschen zum Gotte.

Parmenides.

Der Gott des Deisten wäre also wohl am Ende gar eine Dichtung der Phantasie?

Xenophanes.

Wenn du, wie zeither, das zufällige des Begriffes mit dem wesentlichen vermengst, nichts
andres. Trenne jenes von diesem, behalte nur
das bey, was nöthig ist, um jene wichtigen, in
der Natur der Vernunft gegründeten Fragen, von
welchen wir ausgiengen, zu beantworten; so be-

D   kommst

kommſt du einen reinen ſoliden Begrif, welcher
aber im Grunde mit jenem des Atheiſten zuſam-
mentrift.   Soviel gebe ich dir indeſſen zu, daß
der Deiſtiſche Begrif für die Faſſungskraft des
Menſchen überaus bequem iſt.   Unſer Geiſt iſt
von Natur ſo geneigt, alles zu verſinnlichen und
auf alles den Charafter ſeiner Menſchheit überzu-
tragen; ſelbſt das Unendliche möcht' er nur zu gern
in ein Miniaturgemälde bringen, und vor ſich ſtellen.   Und was für ein Schauſpiel müßt' es ſeyn,
wenn man eine Gallerie von allen Bildern der Gottheit (im eigentlichen Sinne) ſammlen könnte,
welche ſich die Menſchen von jeher gemacht haben, und noch jezt machen!

Parmenides.

Laß uns zur dritten Frage übergehn.   Ich
will vor der Hand mit deinem Geſtändniſſe zufrieden
ſeyn, daß der Deiſtiſche Begrif für den menſchlichen Geiſt der brauchbarere iſt.

Xenophanes.

Bey der dritten Frage: Wie verhält ſich
die Welt gegen ihre Urſache? wirſt du
mir, hoffe ich, die Uebereinſtimmung des Atheiſten und des bündigen Deiſten, ohne Wider-
rede zugeſtehn.

Sie

Sie verhält sich, antwortet der Atheist, gegen dieselbe, wie die Wirkung gegen die Ursache.
Die Naturkräfte strömen ihre nothwendigen Wirkungen aus, sie selbst können in den Gesetzen ihrer
Natur nichts ändern, und die Wirkungen eben
so wenig etwas zur Bestimmung ihrer Ursachen
beytragen. Kein Geschöpf ist also frey, der Lauf
der Schicksale ist nothwendig und unveränderlich
gegründet.

Der Deist, wenn er konsequent seyn, nicht
den evidentesten Vernunftsatz leugnen will, daß
jedes Ding seine Ursache haben müsse, ist gezwungen, dasselbe zuzugeben, nur daß er seinen Gott
die Schicksale nach Vorstellungen von Vollkommenheit, Güte und Gerechtigkeit vertheilen läßt. —
In der Hauptsache — der völligen Nothwendigkeit aller Schicksale — treffen dennoch beyde zusammen, beyde müssen sich dem unterwerfen, was
eine fremde Macht für sie bestimmt, beyde sich als
Sklaven der Nothwendigkeit erkennen. Ich hoffe,
du wirst mir dieses zugeben, oder — die Grundsätze widerlegen, welche ich über die Ohnmacht
des menschlichen Willens vortrug.

Parmenides.

Blos theoretisch betrachtet, stimmen ich gesteh' es, der Begrif des Atheisten und jener des

Dei-

Deisten, mehr mit einander überein, als es auf
den erften Anblick fcheint. — Allein die prakti-
fche Seite ift am Begriffe der Gottheit gewiß die
wichtigere; und hier ift nun der Abftand beyder
ungeheuer.

Xenophanes.

So fcheint es wirklich. Allein näher befehen
ift er es auch hier nicht.

Parmenides.

Bey der vierten Frage zum Beyfpiel: zu
was für Hofnungen mich der Begrif der
Gottheit, meiner künftigen Schickfale wegen, berechtigt, ift der Vortheil augenfcheinlich
auf der Seite des Deiften; der Atheift mit feinem
feinen gereinigten Begriffe bleibt hoffnungs- und
troftlos. — Er leugnet die Möglichkeit einer
außerweltlichen perfönlichen Gottheit, und nimmt
dafür zufammenwirkende, einer Hauptkraft unter-
geordnete Naturkräfte an, welche nicht nach Vor-
ftellung und Entzwecken, fondern nach den nothwendigen Gefetzen ihrer Natur, das Dafeyn, die
Befchaffenheiten und Zuftände der Gefchöpfe bewirken. Was für Ausfichten kann er fich öfnen,
da er alles einer blinden Nothwendigkeit unterwirft, was von einem Wefen erwarten, welches
fich für feine Glückfeligkeit nicht intereffirt, ja
über-

überhaupt gar keinen Begrif von Glückseligkeit hat? — Ganz anders beym Deisten. Seine außerweltliche persönliche Gottheit entscheidet alles nach gedachten Endzwecken der Vollkommenheit und Güte; warum könnte er nicht alles für die Zukunft von ihr hoffen.

Xenophanes.

Und woraus schließt denn der Deist, daß sein Gott nach Vorstellungen der Vollkommenheit und Güte handelt? Doch wohl nur aus der Betrachtung seiner Wirkungen, der Welt selbst?. Er erkennt durch diese, daß alles auf die Glückseligkeit der Lebendigen abzielt, daß jedem natürlichen Triebe Mittel zur Befriedigung bereitet sind, daß das Uebel sogar selbst Quelle des Guten wird, der Verlust selbst zum Ersatze hinführt, daß nichts in der Natur vernichtet wird, sondern die Wesen durch zahllose Arten von Verwandlung durchgehn; und diese Beobachtungen leiten ihn zu dem Begriffe eines Gottes, welcher nach gedachten Gesetzen der Vollkommenheit und Güte wirkt. Er schließt hier zugleich richtig und auch unrichtig, folgert zu wenig und auch zu viel. Daraus, daß in der Welt das Gute überwiegend ist, kann er nichts mehr folgern, als das Gott die Ursache dieses überwiegenden Guten ist. Wenn er aber fortfährt und das wie

D 3   und

und warum dieser Wirkung jener Ursache erklären will, wenn er der Gottheit eine Kraft zu denken, zu begehren und verabscheuen leiht, sie Endzwecke der Vollkommenheit der Güte denken, und den gedachten Endzwecken gemäß handeln läßt, dann folgert er zu viel. Und er bedarf auch diesen Folgerungen gar nicht, um Fortdauer, Vervollkommnung und Glückseligkeit hoffen zu können. Genug, daß er in den Wirkungen der Gottheit alles dahin zwecken sieht, die Lebendigen zu beseeligen; nun kann er schon die schmeichelndesten Erwartungen von seiner eignen Zukunft fassen, ohne erweisen zu müssen, daß jene Wirkungen derselben Folgen von Vorstellungen und gedachten Gesetzen sind. Allein warum wäre der Atheist nicht berechtigt eben soviel von seiner Gottheit zu hoffen? Wenn er die Wirkungen der Naturkräfte beobachtet, findet, daß in denselben Gesetzmäßigkeit, Ordnung und Einheit herrscht, wenn er sich überzeugt, daß das wesentliche von jeder ihrer Wirkungen nicht vernichtet wird, sondern nur in eine andre Form übergeht, daß den Bedürfnissen der Lebendigen die Mittel der Befriedigung zugemessen sind, daß jedes Wesen von Vollkommenheit zu Vollkommenheit aufsteigt, selbst periodische Rückfälle in Unvollkommenheit Schwungkraft

kraft zu höherer Vollkommenheit geben, daß überhaupt alle Dinge in solchen Verhältnissen gegen
einander stehen, daß eine überwiegende Summe
von Glückseligkeit erfolgen muß; warum sollt' er
nicht die Anwendung auf sich machen, warum
nicht mit Recht analogisch schließen, daß auch
seine Schicksale den allgemeinen Gesetzen des Ganzen untergeordnet seyn werden, warum nicht
Fortdauer, Vervolkommnung und Beglückseligung
hoffen?

Parmenides.

Aber denke nur, Gesetzmäßigkeit, Ordnung,
Einheit, Abzweckung auf Glückseligkeit — ohne
Gedanke, ohne Absicht — Folge von blinder
Nothwendigkeit — ist es nicht offenbarer Wi-
derstimm?

Xenophanes.

Und wo läge denn der Widersinn? — — Ist
etwa keine gesetzmäßige Wirkung möglich, welche sich
nicht auf Gedanke, auf vorgestellten Endzweck
gründete? Wir können freylich nichts höheres,
als Denken, allein eben dadurch, das Denken
für uns das höchste ist, sollten wir unsre Nie-
drigkeit und Schwäche erkennen; denn Denken hat
gar keinen Einfluß auf Wirklichkeit, sondern spie-
gelt nur Wirklichkeit nach; das, was Wirklich-

keit

keit hervorbringt, und bestimmt, muß ganz etwas anders seyn, als Vorstellen und Denken,
(wie verfeinert und erhöht wir uns auch diese
Kraftäußerungen dichten mögen,) muß etwas
seyn, wovon durch Denken gar keine Idee bewerkstelligt werden kann. — Sonderbar, fast
möchte ich sagen kindisch, ist das υϛεϱον πϱοτε-
ϱον, welches wir begehn, indem wir den Grund
aller Wirklichkeit, alles Seyns, und aller besondern Arten und Bestimmungen desselben in Gedanken
suchen. Gedanke setzt allezeit etwas voraus, was ist,
(außer dem Denkenden) aber das seyende setzt eben
so wenig Gedanken voraus, als ein Original eine Ko-
pie; sonst würden diese (die Gedanken) wieder sich
auf eine Wirklichkeit beziehn müssen, diese wieder auf
Gedanken und sofort bis ins Unendliche. — Nichts
hat von jeher mehr irr geführt, als die Benennung einer blinden Nothwendigkeit, weil man
sich allezeit völlige Gesetzlosigkeit, Unstetigkeit und
Unzuverläßigkeit dabey dachte, keine gewisse Auf-
sicht, keine Hofnung, keinen Trost darauf gründen zu können glaubte. Allein dieses Vorurtheil
beruht blos auf der schon gerügten falschen Hypothese, daß kein Wesen regelmäßig wirken, und
Einheit in seinen Wirkungen erzielen könne, ohne
vorher, wie wir, die ganze Reihe seiner künftigen
Wir-

Wirkungen gedacht zu haben, da doch denken, und nach gedachten Absichten handeln offenbar ein Zeichen von Abhängigkeit und Mangelhaftigkeit ist. Denn jedes Denken setzt einen Gegenstand voraus, welchen der Gedanke abschattet, jeder gedachte Endzweck ein fehlendes Gut, nach welchem man hinstrebt. Wie sehr betrügt man sich also, wenn man glaubt, durch Leugnung der Endursachen, als Gegenständen des Denkens, welche die Schöpferkraft in Bewegung gesetzt haben sollen, werde die Vollkommenheit der Welt herabgewürdigt! Unsere Ideen davon werden vielmehr dadurch erweitert; wir werden auf einen erhabnern Begrif der Gottheit geleitet, werden entwöhnt sie der menschlichen Natur so gröblich nachzubilden, und alle ihre Wirkungen in so einseitigen Beziehungen zu betrachten, als es zeither geschah, wir nähern uns, soviel es möglich ist vielleicht, dem Unendlichen, Alleinnothwendigen selbst.

Laß uns also bey dem erhabnen Begriffe einer in sich gegründeten Nothwendigkeit uns beruhigen. Mögen wir auch ihre Natur nicht erkennen, wenn wir nur von ihrem Daseyn überzeugt sind. Wir wollen nicht das letzte zum

D 5

ersten,

erſten, nicht die Wirkung zur Urſache ihrer Urſache machen, nicht aus menſchlichen Werkſtätten
Begriffe holen, um uns die Wirkungsart des unendlichen Weſens zu erklären. Kinder mögen ſich
den Blitz vorſtellen, wie er, Stahl und Stein in
der Hand, ſeine verzehrenden Funken ſchlägt,
und auf die ſchleudert, welche er treffen will, ſie
wiſſen nichts beſſeres; der Weiſe denkt ihn in ſeiner Natur und nothwendigen Kraft!

Findeſt du nach dieſem allen, geſteh' es auf-
richtig, noch einen großen Unterſchied zwiſchen der
Meynung des Deiſten, und jener des Atheiſten?
Kann der eine von ſeiner Gottheit mehr hoffen,
als der andre?

Parmenides.

Soviel bleibt doch auch hier gewiß: Die Vorſtellungsart des Deiſten iſt bequemer, faßlicher
für uns.

Xenophanes.

Dieſes leugne ich gar nicht. Sie wird deßwegen immer die allgemeine Vorſtellungsart ſeyn.

Parmenides.

Allein nun haben wir noch eine Frage vor
uns, die große Frage der Sittlichkeit in Beziehung auf das höchſte Weſen.

Xeno-

Xenophanes.

Auch auf die Beantwortung von dieser, wird
der atheistische Begrif von Gottheit eben den Einfluß haben den der deistische hat.   Höre meine
Gründe.   Auf dreyerley Art — —

Parmenides.

Nicht so hastig, theurer Freund.   Wir haben
noch einen entsetzlich großen Berg zu übersteigen,
oder wegzuräumen, ehe wir, ohne über uns selbst
zu lachen, die Frage aufwerfen können: wie wir,
dem erkannten Verhältnisse der Welt gegen ihre
Ursache zu Folge,   unsre Handlungen einzurichten
haben.

Xenophanes.

Ich ahnde schon. —

Parmenides.

Wahrscheinlich etwas, wovon du nicht eben
gern siehst ,   daß es mir bey dieser Stelle ein-
fällt.

Wie kann denn von Sittlichkeit der Handlungen in einem Systeme die Frage seyn, wo
eine Handlung so nothwendig ist, als die andre,
keine mit Recht als das Werk menschlicher Willkühr angesehen werden kann? Ich dächte bey einem solchen könnte man sich die ganze Moral ersparen.

Xeno

Xenophanes.

Nicht mehr, als bey jenem des Deisten, wenn er bündig, vernünftig schließt. Denn, wie schon oft von großen Männern erinnert worden ist, der Determinism des Deisten kommt am Ende mit dem Fatalism zusammen, wenn man ununterbrochen nach Ursachen fragt.

Parmenides.

Allein ist es nicht lächerlich, zu bestimmen, wie man seine Handlungen einrichten solle, wenn man vorher bewiesen hat, daß man gar nicht selbst handle?

Xenophanes.

Keinesweges. So wenig es lächerlich ist, zuzugeben, daß die Natur uns die unverrückbare Determination gegeben hat, uns frey zu denken; so wenig ist es auch lächerlich, in diesem Gefühle der Freyheit fortzuphilosophiren. Nur vergesse man nie, daß, welche willführliche Handlungen man auch entwerfe, man doch immer nichts anders thut, als erzählen, muthmaßen, was die nothwendigen Gesetze der Natur zur Wirklichkeit befördern werden. Ich kann demnach immer das große Gesetz der Sittlichkeit aufstellen: Handle nach solchen Gesetzen, von denen du wollen kannst, daß sie als allgemeine Gesetze für alle vernünftige

Wesen

Wesen gelten, und kein Metaphysiker darf über
diese Gesetzgebung für den handelnden Menschen
spotten. Denn ich behaupte damit gar nicht,
daß durch meine willkührliche Einprägung dieses
Gesetzes eine Handlung bestimmt werde, behaupte
dieses eben so wenig, als ich überhaupt jemals
eine neue Reihe von Ursachen und Wirkungen anfangen zu können vorgebe; ich trage nur ein Gesetz
vor, welchem die Natur eine große Menge menschlicher Handlungen untergeordnet hat, ein Gesetz,
welches in unserer Vernunft so fest und nothwendig gegründet ist, als es nur irgend eines seyn
kann.

Parmenides.

Und die zahlreichen Ausnahmen dieses allgemeinen, so fest und nothwendig gegründeten Gesetzes, auf wessen Rechnung kommen
denn die?

Xenophanes.

Natürlich auf die der Gottheit. Und warum sollten gerade diese es nicht, da man bey andern Gesetzen des Universums kein Bedenken
trägt, ihr jede auch noch so regellose Ano-
malie zuzuschreiben? Im Grunde sind alle diese
Erscheinungen, sowohl der physischen als moralischen Welt nur Ausnahmen für uns, Geschöpfe
von

von so eng begränzter Einsicht, Ausnahmen, welche nichts weiter zeigen, als daß die Regel, nach welcher wir eine gewisse Seite des Weltganzen beurtheilen und messen, noch bey weitem nicht die höchste ist, sondern auf eine zurückgeführt werden muß, welche auch jene scheinbaren Ausnahmen unter sich begreift, und keine Disharmonie mehr übrig läßt. Denn im Ganzen der Welt giebt es keine Ausnahme einer Regel. Wo wir dergleichen zu finden wähnen, täuscht uns unsre Kurzsichtigkeit. Könnten wir die Laufbahn moralischer Wesen so weit verfolgen, als die der Himmelskörper, so würde uns ein Brudermord z. B. eben so wenig räthselhaft seyn, als die Erscheinung eines Kometen. Allein der Horizont ist zu klein, auf welchem wir den Gang der moralischen Wesen betrachten können. Sie verschwinden mit ihrem Tode aus unsern Augen, und wer will muthmaßen, wie sich noch die moralischen Disharmonien im Charakter eines Nero auflösen! —

Parmenides.

Wenn ich mich nur mit dem Gedanken vertragen könnte, daß Gott der Urheber von allem moralischen Uebel seyn soll. —

Xeno-

Xenophanes.

Du mußt es, wenn du ein consequenter Deist seyn willst. Dahin wirst du es freilich nie bringen, daß du nicht im gemeinen Leben jeden Verbrecher strafbar und verabscheuungswürdig finden solltest; aber den Nutzen mußt du doch von jener Wahrheit ziehen, daß du den Verbrecher nicht so ganz undultsam beurtheilst, als es gewöhnlich geschieht, und daß du von dieser ungleichen Vertheilung moralischer Vollkommenheit, die dich so sehr empört, den Schluß auf eine ersetzende und ausgleichende Zukunft machst. Mir scheint dieser Schluß noch weit sicherer als jener, der auf der Ungleichheit der physischen Güter beruht; auch ohne physische Güter in großen Maße zu besitzen, kann man glückselig seyn, allein wie viel entbehrt der moralisch Arme von der wahren Glückseligkeit! Mich hat nichts so gewaltig und unwiderstehlich zu dem Glauben an Fortdauer und Vervollkommung hingerissen, als eben diese Betrachtung. Wenn ich einen Bettler sehe, regt sich die Hoffnung nur leiß in mir, daß die Zukunft ihm ein beßres Loos bringen werde; denn er kann ja seines Mangels ungeachtet, glücklich seyn; aber wenn ich einen Bösewicht sehe, dann erhebt sie ihre Stimme laut, und ich fordre von der Natur

Unsterb.

Unsterblichkeit für diesen meinen Bruder, damit auch er vollkommen und gut, das heißt, glückselig werden könne.

Doch wir verlieren uns zu weit. Du weißt nun den Gesichtspunkt, aus welchem alles zu betrachten ist, was wir über die Einrichtung unsrer Handlungen entscheiden. Unsre Frage war: Hat der Deist bey seinem Begriffe von Gottheit mehr Gewinn für seine Moralität, als der Atheist bey dem seinigen?

Parmenides.

Wir werden diese Frage in dreyfacher Rücksicht zu beantworten haben. Nämlich, die Idee einer Gottheit kann auf dreyerley Art Sittlichkeit in unsern Handlungen bewirken: 1) in wiefern blos die Betrachtung ihrer Vollkommenheit uns zur Nachahmung derselben auffordert. 2) inwiefern man einsieht, Gott wolle, daß der Mensch recht und gut handle, und sich seinem Willen unterwirft. 3) in wiefern man Belohnungen von ihm erwartet, oder Strafen fürchtet.

Xenophanes.

Allein du wirst mir zugeben; daß alle diese theologischen Begriffe nur in sofern wahre Tugend hervor bringen, in wiefern sie die Triebfedern derselben ins Spiel setzen, welche die Natur

in

In der Vernunft eines jeden befestigt hat, und
daß diese eben so stark und sicher wirken, wenn
sie auch von jenen Ideen nicht unterstützt werden.

Parmenides.

Ganz richtig. Die Natur überließ unsre
Sittlichkeit nicht dem Einflusse von Meynungen,
welche nicht nothwendig von jedem Menschen an-
erkannt werden müssen, nicht Gefühlen, die nur
bey Einigen entstehn. Sie befestigte die Grundsätze der Tugend unabhängig von jenen der Religion, und die Allgemeingültigkeit von denselben hängt von keinem Ansehen religiöser Meynungen ab. Allein so völlig ich hierüber mit dir
einig bin; so befürchte ich dennoch keinen Widerspruch von dir, wenn ich behaupte, daß nur
wenig Menschen fähig sind, sich blos vom Interesse praktischer Vernunftwahrheiten bey ihren
Handlungen leiten zu lassen, daß die meisten,
um moralisch gut zu werden, die Mitwirkung jener theologischen Ideen sehr nothwendig brauchen. Und in Beziehung auf diese Klasse müssen wir denn unsere Frage entscheiden.

Xenophanes.

Unstreitig. — Was die erste Art betrift, wie
der Begrif der Gottheit unsre Moralität ver-
vollkommnen kann, nämlich: daß man blos durch

E   die

die Betrachtung ihrer Vollkommenheiten zur
Nachahmung aufgefordert werde; so kann ich
nicht leugnen, daß ich sehr wenig darauf rechne.
Ein Wesen welches ich nachahmen soll, muß nicht
zu weit über mir erhaben seyn, ich muß die Möglichkeit vor mir sehen, mich ihm bis zu einen gewissen Grad nähern zu können. Es muß ferner
eine Analogie mit mir haben, dieselben Kräfte,
und zwar unter denselben Verhältnissen besitzen,
als ich. Endlich muß ich auch im Stande seyn,
die Handlungsweise desselben zu betrachten. Allein, dieses ist bey der Gottheit in Verhältnisse gegen die Menschen der Fall gar nicht. 1) Das Endliche kann sich dem Unendlichen nie nähern, mithin
sich dieses auch nie zum Ideale wählen, auf welches es hinarbeite. 2) Ihr gebt zwar eurer Gottheit Verstand und Willen, und scheint also wirklich eine Analogie zwischen ihr und euch anzunehmen, allein der allervollkommenste Verstand und allervollkommenste Wille, den ihr
derselben zueignet, ist von euern Kräften dieses
Nahmens so verschieden, das es lächerlich ist,
beyde mit einer und derselben Benennung zu be-
zeichnen. 3) Die Handlungsweise der Gottheit
d. h. die Geschichte der Entstehung, Fortpflan-
zung und Unterhaltung ihrer Wirkungen liegt
ganz

ganz außer unserm Gesichtskreise, kann also von
uns eben so wenig nachgeahmt als beobachtet
werden. Dieses gilt vom atheistischen Begriffe
der Gottheit eben sowohl, als von dem dei-
stischen.

Parmenides.

Nichts destoweniger kann der Mensch die
Wirkungen der Gottheit betrachten, und dadurch
angefeuert werden, sich dieselben Endzwecke vorzustecken, auf welche er alles in der Natur mit so
vieler Einstimmung und Gleichmäßigkeit hinzielen
sieht, die großen Endzwecke der Vervollkommnung
und Glückseligkeit.

Xenophanes.

Und dieses kann der Atheist eben sowohl als
der Deist. Auch er erkennt die Ordnung und
Harmonie der physischen und moralischen Welt,
und die Summe von Glückseligkeit, welche das
einträchtige Spiel der Wesen hervorbringt; warum sollte er sich nicht für ein so bewundernswür-
diges Ganzes interessiren, warum nicht eher in
diesen liebenswürdigen Einklang stimmen, als
ihn durch Mißtöne stöhren wollen? Daß seine
Gottheit nicht mit Verstand und Willen begabt
ist, nicht gedachte Endzwecke wirklich macht, sondern nach der Nothwendigkeit ihrer Natur han-

E 2   delt,

'velt, schadet hierbey gar nichts. Denn die Handlungsweise der Gottheit kann ohnehin niemand
nachahmen, indem sie niemand kennt; und was
hilft dem Deisten zu diesem Behufe der allervollkommenste Verstand und Wille seines Gottes, da er
im Grunde gar-keinen Begrif damit verknüpft,
und die Art, wie diese Kräfte Objekte behandeln
und Endzwecke erstreben, ihm ganz verborgen
ist. Auch ihm bleibt also nichts übrig, als vom
Schauspiele der Erscheinungen der Welt gerührt
den Entschluß zu fassen, harmonisch mit ihnen
zu wirken, das Spiel seine Kräfte nach der Me-
lodie des Ganzen zu stimmen.

Was den zweyten Punkt anbetrift: recht und
gut zu handeln, weil man erkennt, daß es Gottes positiver Wille sey; so muß der Atheist freylich hier zurückbleiben; denn Wille der Gottheit ist ein Begrif, welchen er verwirft. Allein,
ich möchte wissen, wie der Deist blos durch Vernunft zur Erkenntnis desselben gelangt, da es offenbar ein Gegenstand der Offenbarung ist. Wille
eines Wesens muß nicht gefolgert, geschlossen,
sondern unmittelbar erkannt werden. Eben so
ist es mit dem letzten Punkte, welcher sich auf
die Erwartung von Belohnungen und Strafen
gründet, welches ebenfalls eigenthümliche Lehren

der

geoffenbarten Religion sind, auf welche Vernunft-
schlüsse nicht hinführen können.

Im Ganzen also bin ich überzeugt, daß der
Atheist von seinem Begriffe der Gottheit eben so
viel Vortheil für seine Sittlichkeit hat, als der
Deist.

Parmenides.

Ich gestehe dir, deine Parallele hat mich
überrascht. Sie hat mich auf der einen Seite
überzeugt, daß es im Grunde gar nicht möglich
ist, Atheist, im wahren Sinne des Wortes zu
seyn, und auf der andern hat sie mich in meiner
Meynung bestärkt, daß Offenbarung für das
Menschengeschlecht im Ganzen nothwendiges
Bedürfnis ist, und blos durch Vernunfterkenntnis schlechterdings nicht ersetzt werden kann.

In einem einzigen Stücke möchte ich dir noch
Schwierigkeiten machen: Gottesverehrung kann
doch wohl nur bey dem Systeme des Deisten Statt
finden?

Xenophanes.

Es kommt ganz auf den Gesichtspunkt an,
aus welchem du sie nimmst. — Blos als Bedürfnis der Vernunft betrachtet, besteht sie in
nichts als im Ausbruche der Bewunderung über

E 3 die

die unendlichen Vollkommenheiten dieses Wesens,
und des Dankes für seine Wohlthaten, der Anerkennung unsrer völligen Abhängigkeit von ihm,
und Ergebung in seine Anordnungen. Diese
Thätigkeiten und Aeusserungen sind für jeden
Menschen nothwendig, nicht, als ob die Gottheit dabey interessirt wäre, oder etwa einen Zuwachs von angenehmen Empfindungen erhielte,
sondern weil sie in der Wirkungsart der Vernunft
gegründet, weil sie Bedürfnis des denkenden Geistes sind. Eben deshalb kann sich der Atheist
derselben eben so wenig entschlagen, als der
Deist, und so fest ich glaube, daß kein Mensch
beym richtigen Gebrauche seiner Vernunft das
Daseyn der Gottheit leugnet, eben so gewiß bin
ich überzeugt, daß niemand sich der Gefühle
wahrer Gottesverehrung völlig und auf immer
entschlagen könne. Jeder Mensch, haben wir
gefunden, Atheist oder Deist gleichviel, mußte
eine Ursache der Welterscheinungen annehmen, die
unendlich über ihn erhaben ist, und das ganze
harmonische Spiel der Wesen anordnet und leitet, und von welcher er in allen seinen Veränderungen völlig abhängig ist. Er bilde sich
nun die Form dieses Wesens, wie er will, er
kann, als Mensch, ihm seine Bewunderung,

Dank,

Dankbarkeit und Ergebung nicht ve[...]gen, er muß Gottesverehrer seyn. — —

Nun konnte Parmenides weiter nichts ein-wenden. Er schwieg eine geraume Zeit, um das Resultat aller Betrachtungen noch einmal zu über-sehn, und so wie überhaupt Verstand und Herz bey ihm immer zugleich in vollem Spiele waren, so gerieth er auch jetzt in den Zustand einer philoso-phischen Begeisterung.

O mein Freund, in diese Worte brach er endlich mit einem feurigen Händedrucke gegen Xenophanes aus: du hast mir einen unvergeß-lichen Abend gemacht. Ich gesteh' es dir, ich hatte vor deinen Spekulationen gezittert; mein Glaube ist ein Theil meiner selbst geworden, und wer kann sich ohne Schauder ein Glied ablösen lassen, wenn er auch gewiß wüßte, daß die Quelle des Lebens darin ohnehin versiegen müßte? Aber nein, der Grundpfeiler meiner Ueberzeu-gung ist durch dich befestiget worden; hell wie der Tag ist mirs jetzt, daß die Gottheit ihren Nahmen in alle Menschenseelen gegraben hat, daß jede ein Tempel ihrer Glorie ist. — —

Muß

Muß der Geist der Sekte unsern Blick so verführerisch umnebeln, daß wir die schönsten Seiten der Natur, die erhabensten Kunstgriffe der
Gottheit übersehn. Staunen wir doch, wenn
wir den physischen Bedürfnissen der Geschöpfe
überall Mittel der Befriedigung bereitet finden,
das hülfloseste Thier durch einen sichern Instinkt
zu der Nahrung hingezogen sehn, die allein sein
Wesen erhalten kann; und wir bemerken nicht
einmal, durch welchen geheimen Zug die Gottheit alle vernünftige Wesen zum Glauben an ihr
Daseyn leitet! Wir beeifern uns die Geister in
Sekten zu theilen, schmähen den Pantheisten,
verfluchen den Atheisten, und bemerken vor
frommem Eifer nicht, daß der Keim der Gottes-
erkenntniß in ihnen allen liegt; daß er sich auch
in ihnen allen entwickelt, und nur eine andere
Blume getrieben hat, die freylich nicht so schwel-
gerisch voll ist, als die unsrige, aber das wesentliche der Gattung unverkennbar an sich
trägt. — —

Und auf wie einfachem Wege, wie erhaben
sparsam hat die Gottheit diesen Zweck erreicht!
— Ein einziges der Seele eingewebtes Gesetz,
welches schon in dunklem Gefühle wirkt, eh es
die Vernunft laut ausspricht, das Gesetz der

Kauf-

Kauſſalität, mehr bräuchte die Gottheit nicht,
— und jedes vernünftige Weſen mußte ihr Daſeyn glauben.

Wer ſollte es denken, daß dieſelbe Feder, welche die Hand des Wiegenkindes nach dem glänzenden Körper hinregt, der Eindruck auf ſeine Ge-
ſichtsorgane macht, auch die Thore der Unendlichkeit öfne, und das Organ der Gottesoffenba-
rung ſey, und daß wieder in ebendemſelben Triebe,
der das Kind zur kleinen Blume hinzieht, der es
anlockt, ſie zu lieben und innig zu faſſen, auch
zugleich der Keim der Gottesverehrung liege!
Oder wirkt nicht in beyden Fällen daſſelbe Gefühl von Nothwendigkeit eines zureichenden
Grundes, und der Trieb zu lieben, was uns
wohlthut, zu bewundern, was groß und ſchön.
— So wahr iſt der Ausſpruch jenes Weiſen,
daß du Gottes Mittelpunkt überall findeſt, ſeinen
Umkreis nirgends.

Die Sonne war längſt geſunken, während
Parmenides und Xenophanes ſich in ihren Betrachtungen vertieft hatten, und das Abendroth
fieng jetzt ſchon allmälich an zu verſchwinden.
Zufriedenheit und Ruhe durchwallte ihre Herzen,
da ſie jetzt die Anhöhe herabſtiegen, und ihr Ge-

fühl

fühl gieng in eine sanftschauernde Andacht über,
da sie unten im Thale die Hirten gelagert in einen Kreis ein frommes Abendlied singen hörten.
Sie verweilten in einiger Entfernung, und stimmten noch mit leisen Tönen in den Gesang ein, der
eben endete.

Der letzte Ton war verhallt, tiefe Stille
schwebte über der Landschaft, und mit frommen
Thränen, der Gottheit und der Bruderliebe hei-
lig, schied Parmenides von seinem Freunde.

Ueber

Ueber

das System Spinoza's.

Parmenides.

Aber, wie war es möglich, daß wir bey unserm gestrigen Gespräche nicht mit einem Worte an Spinoza dachten. Nach meiner wenigen Bekanntschaft mit ihm dünkt mich, wir sind verschiedene Male seinem Gebiethe nahe genug gewesen.

Xenophanes.

Du solltest sagen, mitten darin; wir haben wirklich die wesentlichsten eigenthümlichsten Stücke seines Systems durchdacht. Auch habe ich ihn immer vor Augen gehabt, allein ich weiß sehr gut, wie viel oft blos der Nahme des Erfinders dem Eingange gewisser Meynungen hinderlich ist, und so schwieg ich mit Vorbedachte von ihm; — denn bey allem Zutrauen auf deine Unpartheylichkeit fürchtete ich doch, du möchtest gewisse Ideen nicht so vernunftmäßig finden, wenn du wüßtest, daß sie sich von diesem so berufenen Weltweisen herschreiben, als wenn du sie ganz ohne

ohne Rücksicht auf ihren Urheber und den Ruf seiner Sekte erwägtest.

Parmenides.

Ich gesteh' es, ich hätte vielleicht hartnäcki-
ger gefochten, als ich es so that, und ich danke
dir für diese unschuldige List. Allein da ich nun
einmal ohne es zu wissen mitten darin gewesen
bin, und es hier nicht so fürchterlich aussieht als
ich geglaubt hatte, so hätte ich nicht übel Lust,
eine Reise durch das ganze Gebieth zu machen.

Xenophanes.

Wenn du Zutrauen zu mir hast, so schlag
ich mich dir zum Geleitsmann vor; ich kenne die
Wege ein wenig. Daß wir uns dort nicht häußlich
niederlassen, versteht sich von selbst bey Leuten,
die schon bequem und glücklich angesessen sind.
Wir streichen umher, besehen die Gegenden, Fel-
sen, Thäler, Steppen und Untiefen, kurz, alles, was wir vorfinden. Den Vorzug haben
wir gewiß vor vielen Reisenden, daß wir nicht
durch die Brille des Partheygeistes sehn. Wir
sind nicht gegen das Land eingenommen, welches
wir durchreisen, auch hindert uns keine Furcht,
alles nahe zu beschauen, indem wir auf das
äußerste gefaßt sind, was uns begegnen könnte.

Par=

Parmenides.

Gewiß werden viele blos von Furcht zurück-
gehalten, Spinozas System zu studieren. Sie
wähnen durch seine gefährlichen Meynungen, um
ihren Glauben, ihre Hofnung und Ruhe zu
kommen.

Xenophanes.

Spinoza läßt gewiß jeden im ungestörten Besitze des Seinigen, und sein System verträgt sich
mit jeder Offenbarung, sie sey so unbegreiflich als
sie wolle, wenn sie nur nichts enthält, was im
Widerspruche mit den Gesetzen der Vernunft steht.
Daß er selbst die Offenbarung verwarf, kam daher,
weil er dergleichen Sätze darinn zu finden glaubte;
dies ist aber bey andern Menschen nicht der Fall.

Parmenides.

Es kommen aber unleugbar in Spinozas
Systeme, so weit ich es nur kenne, Sätze vor,
die den Lehren der Offenbarung widersprechen,
und doch unmittelbar den Grundsätzen der
Vernunft folgen. Wie kann ein konsequenter
Mensch beyde annehmen? Eins von beyden muß
falsch seyn.

Xenophanes.

Die Möglichkeit einer Offenbarung kann kein
vernünftiger Metaphysiker bestreiten. Was aber
die

die Lehren betrift, welche sie vorträgt, so können diese allerdings der Vernunfterkenntniß entgegenstehen, und beyde können Recht haben, und wir werden immer, wenn wir auch die Konsequenz der Vernunftlehre einsehn, dennoch verpflichtet seyn, den Ausspruch der Offenbahrung auch anzunehmen, ja sogar diesem gemäß uns in practischen Fällen zu bestimmen.

Parmenides.

Das leuchtet mir nicht ein; eine gegründete Philosophie muß, dünkt mich, keinen Satz enthalten, der einer gegründeten Offenbahrung widerstreitet, und umgekehrt. Vernunft kommt von Gott, Offenbahrung auch, und Gott kann nicht zugleich ja und nein, so und auch anders sagen.

Xenophanes.

Wenn nun aber gewisse Wahrheiten nicht für den Menschen sind.

Parmenides.

Jede Wahrheit ist für den Menschen.

Xenophanes.

Soll das heißen: der Mensch kann jede Wahrheit fassen, sie sich eigen machen?

Parmenides.

Das nicht; denn es ist offenbar, daß wir zum Beyspiel nie fassen, daß die Dinge außer

uns

uns nur Ideen in uns sind, daß wir nicht frey, sondern überall nothwendig bestimmt sind, und dergl. m.; allein jede Wahrheit die wir fassen können, muß für uns gut seyn.

Xenophanes.

Wenn nun aber die Gottheit haben will, daß wir uns von gewissen Dingen, deren wahre Natur zu erkennen unsre Kräfte übersteigt, dennoch einen Begrif machen sollen, und zwar den Begrif, welcher unserer Bestimmung, die ihr allein bekannt ist, am angemessensten ist, und wenn sie uns einen solchen durch den Weg der Offenbahrung gesezmäßig dargiebt; so kann dieser Begrif allerdings einem andern widersprechen, welchen sich die Vernunft von demselben Gegenstande bildet, welcher auch ganz aus ihren Gesetzen herfließt, — und in Rücksicht auf den Gegenstand ist keiner von beyden weder wahr noch falsch; der ganze Unterschied liegt in der mehrern oder wenigern Brauchbarkeit des einen oder des andern für die Endzwecke der Menschheit; und die Vernunft muß sich in dieser Rücksicht der Offenbarung, wenn nur die Dokumente für ihre Aechtheit bewährt sind, unterwerfen.

Parmenides.

Paradox, ungemein paradox.

F   Xeno-

Xenophanes.

Ich finde hier nicht das geringste schwierige, und wundre mich bey den zahllosen Versuchen Vernunfterkenntnis und Offenbahrung zu vereinigen, diese Saite so wenig berührt zu finden. Einmal, mein Freund, kennen wir ja doch die Natur der Dinge an sich, gar nicht, für übersinnliche haben wir nicht einmal Organen, Wahrheit für uns kan also in keinem Falle Uebereinstimmung des Begriffes mit dem Gegenstande seyn. Wenn es nun für uns nicht möglich ist, das wirkliche Wesen der übersinnlichen Dinge zu erkennen, wenn es nichts destoweniger Bedürfnis für uns bleibt, uns einen Begrif derselben zu machen, wenn unsre Vernunft nicht so gebildet werden könnte, daß sie von selbst den Begrif derselben unfehlbar treffe, welcher für die Endzwecke des Menschen der vortheilhafteste ist; so ist es ja ungemein wohlthätig, wenn die Gottheit ihm die Vorstellungsarten offenbart, welche für ihn die heilsamsten sind. So z. B. die Gottheit selbst ist ein Gegenstand, von welchem wir, das sagt die heilige Schrift, nie einen Begrif bilden können, der ihm entspräche; mithin kann sie selbst uns keinen solchen von sich offenbahren. Allein, nichts destoweniger ist es für den Menschen

Be-

Bedürfniß, sich die Gottheit auf irgend eine Art vorzustellen, da er einmal auf einer so hohen Stufe steht, um ihr Daseyn zu schließen. Nun ist unter allen Begriffen der Gottheit, die der Mensch fassen kann, nur einer, welcher seiner jetzigen Bestimmung ganz angemessen ist; der Vernunft ist zu viel Willkühr überlassen, um ohne Ausnahme, diesen Begrif zu finden, und ihm treu zu bleiben; warum sollte die Gottheit also nicht erklären können: Mensch, du wirst am glücklichsten seyn, wenn du mich dir auf diese Art vorstellest. Die Vernunft wird dadurch in ihrer Thätigkeit im geringsten nicht gehemmt. Sie kann alle mögliche Arten sich Gottheit zu denken versuchen; allein, so gewiß sie überzeugt seyn muß, daß keiner dieser Begriffe dem Gegenstande wirklich entspricht, so gern wird sie die Vorstellungsart, die ihr die Gottheit darbiethen läßt, in sich befestigen; und mit allen ihren Empfindungen und Willensregungen vergesellschaften. Und so wäre denn die Idee nicht so widersinnig, daß die Gottheit etwas zu glauben befehle, und dem Menschen also gewisse Glaubenspflichten obliegen können.

Par-

Parmenides.

Im Grunde heißt dieses alles nicht viel weniger als: die Gottheit kann uns täuschen, und das ist ihrer doch wohl unwürdig.

Xenophanes.

Täuschung ist etwas ganz andres. Wenn ich einem, der die wahre Natur eines Dinges fassen kann, eine Idee davon gebe, die ihm nicht entspricht, um ihn von der Wahrheit abzuführen, so ist dieß Täuschung. Wenn aber einer die wirkliche Natur eines Dinges nicht fassen kann, es aber dennoch Bedürfnis für ihn ist, sich eine Vorstellung davon zu machen, um sich die Art ihrer Thätigkeiten und Wirkungen auf einige Weise zu erklären, so ist es keinesweges Täuschung, wenn ich ihm einen Begrif von derselben gebe, der zwar freylich sie selbst nicht darstellet, wie sie ist, aber dennoch hinreichend ist, um ihn zu befriedigen, und ihm besonders sein Verhältnis gegen dieselbe zu zeigen. Wenn dieses täuschen heißt, und wenn solche Offenbahrungen der Gottheit unwürdig sind, so war es ihrer überhaupt unwürdig, Geister zu schaffen, welche die Welt — nur in ihren Vorstellungen, also nicht objektiv wahr erkennen, so betrog sie uns, indem sie uns durch Sinne empfinden, und durch Vernunft denken ließ.

Par-

Parmenides.

Eine bequeme Methode, das Feld der Vernunfterkenntnis, und Offenbahrung zu sichern. — Doch nun zu unserm Spinoza. Ich gestehe dir, von ihm selbst habe ich keine Zeile gelesen, und die Schriften von Baile [1]), Bredenburg [2]), Fenelon [3]), Lami [4]), Isaak Orobio [5]), Boullainvillers [6]), Jariges [7]), Wolf [8]), u. a. haben mir keinen zusammenhängenden Begrif des Systems geben können, mit dem ich mich auch nur einstweilen hätte vertragen können. Es herrscht, wenn man ihnen trauen darf, so viel

F 3   Will-

[1] Im Wörterbuche unter dem Nahmen Spinoza.

[2] Ioh. Bredenburgii Enarratio tractatus theologico-politici vna cum demonstrat. geometr. ord. dispos. naturam non esse deum.

[3] Extrait d'une lettre de Monseigneur de Fenelon sur la refutation de Spinoza, beym Boullainvilliers S. 376.

[4] Refutation du systême de Spinoza par Fr. Lami à Paris 1696. beym Boullainvilliers. S. 321.

[5] Isaac Orobio Certamen philos. propugnatae veritatis diuinae ac naturalis. Amstel. 1703. beym Boullainv. S. 387.

[6] Refutation de Spinoza, a Bruxelles 1731.

[7] In Hißmanns Magazin. 3. B.

[8] Im Anhange zur deutschen Uebersetzung der Ethik des Spinoza.

Willkühr, Abgebrochenheit, Widerspruch, und, soll ich es deutsch heraussagen, jezuweilen wahrhaftig soviel Sinnlosigkeit darinn, als ich in keinem philosophischen Systeme gefunden habe. Die neuesten, welche ich darüber gelesen habe, sind Mendelssohn ⁹) und Herder ¹⁰), und ich kann nicht leugnen, sie haben mich angezogen, ich bin überzeugt, wenn Spinoza wieder aufstünde, er würde dankbar die Belehrungen beyder Weltweisen annehmen.

Xenophanes.

Das wollen wir versuchen, indem wir seinen Schatten in seinen Schriften beschwören. — Hast du Jakobi ¹¹), Wizenmann ¹²), Rehberg ¹³), nicht gelesen?

Parmenides.

Nein; man hat mir diese Männer bald zu verführerisch bald zu dunkel geschildert, als daß ich es gewagt hätte.

Xeno.

---

9) In den Morgenstunden.

10) In seinem Buche: Gott.

11) Jakobi Briefe über die Lehre des Spinoza.

12) Wizenmann Resultate der Jakobischen und Mendelssohnischen Philosophie.

13) Rehberg über das Verhältnis der Metaphysik zur Religion.

Xenophanes.

Solche Rücksichten hätten dich nicht abhalten sollen. Um den Spinozismus aus seinem wahren Gesichtspunkte zu fassen, darf man nächst Spinoza selbst nur diese drey Männer lesen. Besonders webt in Jakobis Briefe an Hemsterhuis der reine unverhüllte Geist jenes Weltweisen[14]).

Parmenides.

Und doch nahm in jenem berühmten Streite zwischen ihm und Mendelssohn fast alles gegen ihn Parthey?

Parmenides.

Gegen den Strom läßt sich nicht gut schwimmen, das wußten alle die Herrn sehr wohl, die ununtersuchter Sache auf diesen Mann losstürmten. Allein, die Wahrheit durchbricht endlich die Nebel, das Sieden der Leidenschaft legt sich, und man wünscht dann nicht selten Schritte und Worte zurück, die man sich erlaubt hatte. — Wie verdrehte man nicht damals jedes Wort von Jakobi, wie misdeutete man jede seiner Absichten! — Wenn er gesagt hatte, Lessing sey Atheist

F 4 ge-

14) Ich selbst verdanke diesem verehrungswürdigen Manne, außer den Belehrungen in seinen Werken, auch noch schriftliche Aufklärungen über den Spinozism.

gewesen, so vergaß man, daß er nach seinem Systeme doch einen Gott glauben konnte, wenn ihn auch Vernunftbeweiße nicht dahin führten. — Wenn Jakobi sagte, Lessing habe das Spinozistische System für das einzige konsequente System der Metaphysik gehalten, so beschuldigte man ihn, er stelle ihn als einen Heuchler dar, weil er einem vertrauten Freunde kein Wort davon gesagt hatte, dessen größtes Glück in seiner Ueberzeugung von der Leibnizisch-Wolfischen bestand. — Wenn man endlich Lessingen durch Jakobi für einen Gottesläfterer erklärt glaubte, vergaß man wieder, daß alle Spöttereyen des großen Mannes nur einen Begriff von Gottheit betrafen, den er selbst nicht annahm, also, nach seiner Ueberzeugung betrachtet, keine Gottesläfterungen waren. — Am meisten hatte sich Jakobi dadurch geschadet, daß er den Satz gewagt hatte: Spinozismus ist Atheismus, der meiner Ueberzeugung nach nichts weiter heißt, als: nach Spinozas Systeme giebt es keinen Gott, dessen höchste Kraft Verstand und Wille ist; keinesweges aber: es giebt keinen Gott, keine Ursache der Welterscheinungen überhaupt. Wie wir gesehn haben, kann man sich einen sehr erhabenen Begrif der Gottheit bilden, ohne die Denkkraft zum Ersten

in

in ihrem Wesen zu machen. Allein das sonder-
barste bey dieser ganzen Fehde bleibt mir immer
noch, daß eben die, welche Lessingen zu einem
Heuchler herabgewürdigt glaubten, wenn er nicht
aller Welt entgegen schrie, welchem metaphysischen Systeme er zugethan sey, und gegen einen
Freund diese Ueberzeugung zurückhielt, um ihn
nicht zu beunruhigen, daß eben diese gar nicht
anstunden, laut zu erklären: er habe Jakobi ein
wenig zum Besten gehabt, und um sich eine Lust
mit ihm zu machen, die Rolle des Spinozisten
gespielt. Der Lessing, welcher Spinozist war,
und es nur gegen die äusserte, die es auch waren, gegen alle andere verheelte, bleibt mir immer ehrwürdig; jener aber, welcher, ohne Spinozist zu seyn, die Rolle eines solchen spielt, um
eines jungen Mannes zu spotten, der eben in
der Periode von Drang und Kampfe der Ueberzeugung und des Zweifels steht, die jeder denkende Kopf einmal erleben muß, und voll Zuversicht sich ihm in die Arme wirft, der ist mir ein
verabscheuungswürdiger Heuchler, ein loser Bube,
der die heiligsten Pflichten der Menschheit in ein
Possenspiel verwandelt. Allein ich ehre Lessings
Asche zu sehr, um seine Aeusserungen gegen Jakobi so zu erklären; lieber wollte ich ihn für ei-

F 5   nen

nen Spinoziſten, lieber für einen Atheiſten
halten. —

Parmenides.

Mendelſohns Hauptidee bey ſeiner Behandlung des Spinozismus iſt, ſo weit ich ihn faſſe:
Spinozas Syſtem kommt, wenn man einige un-
weſentliche Stücke wegſchneidet, andre etwas
mildert, anders richtet, mit dem Leibnizſich-Wol-
fiſchen völlig überein. Und mich dünkt, wenn die
Idee, welche er vom Spinozism giebt, wahr iſt,
ſo hat er dieſen Saz mit einer Feinheit ausgeführt, der ſich nichts entgegenſtellen läßt; ſo wie
es mir auch ſehr wahrſcheinlich iſt, daß Leibniz
den Grund ſeiner präſtabilirten Harmonie aus
dem Spinoza entlehnt hat, wie ebenderſelbe ſchon
vor vielen Jahren gezeigt hat. [1])

Xenophanes.

Freylich hat Mendelſohn das behauptet, und
mit eine Zuverſicht behauptet, daß man genug
für Leibnizens Ehre zu thun glaubt, wenn man
ſeinen Diebſtahl mit einigen lahmen Entſchuldi-
gungen bemäntelt. Allein ich glaube, dieſer Weltweiſe hat ſich hierinn eben ſowohl geirrt, als der,
welcher es lange vor ihm behauptete.

Par-

---

[1]) Mendelſohns philoſophiſche Schriften I. B. S. 199.

Parmenides.

War denn Mendelsſohn nicht der erſte, der
dieß bemerkte?

Xenophanes.

Ich weiß nicht, ob er es ſelbſt gewußt hat;
daß dieß vorlängſt geſchehen war. Denken ſollte
ich faſt, daß er, der ſich ſo ſehr für Wolfens
Philoſophie intereſſirte, aus Neugier einmal Joa-
chim Langens Buch gegen Wolfen (Modeſta
diſquiſitio noui philoſ, ſyſtematis.) durchblät-
tert habe.[1]). Lange, welcher alles mögliche
aufſuchte, um die Leibniziſche Philoſophie als
gefährlich vorzuſtellen, glaubte ſie mit einem
Schlage niederzuſtürzen, wenn er nur bewieße,
daß ſie aus dem Spinozismus abſtamme. Man
höre, wie ärgerlich, nach ſeinem Urtheile, er die
vorher beſtimmte Harmonie definirt:[2]) harmonia de commercio inter animam et corpus
praeſtabilita, eſt chimaera, quae a pſeudo-
philoſophia Stoica et Carteſiana, nec non a
Spinoziana, eſt formata, ab illuſtri autem
Leib-

---

1) Modeſta diſquiſitio noui philoſophiae ſyſtematis de
deo mundo et homine et praeſertim de harmonia praeſtabilita. Halae ax. MDCCXXIII.

2) S. 127.

Leibnitio adoptata, et per lufum ingenii
pigmentis pfeudometaphyficis exornata, chimaera biformis, cuius centrum et periphe-
ria omnis, fublata omni veri nominis libertate, eſt in fato phyfico, et quae abfurditate
fua femet ipſam deſtruit unb S. 138. folgt nun
ber umſtåndliche Beweis bes Saßes: fyſte-
ma Leibnitii de harmonia commercii inter
animam et corpus praeſtabilita cum fyſte-
mate Spinozae, falua vtriusque diverſitate
aliqua, ea habet communia, vt pro adoptato
pfeudophilofophiae Spinozianae foetu haberi
poffit, unb Lange fůhrt alle Stellen aus Epinoja
an, welche Mofes neuerlich wieder aufgeſtellt hat,
um Leibnißen bie erſte Jdee einer práſtabilirten
Harmonie ſtreitig zu machen. Befonders pocht
auch Lange auf bie Stelle: nec corpus mentem ad cogitandum, nec mens corpus ad motum neque ad quietem, neque ad aliquid, ſi
quid eſt aliud, determinarepoteſt. Ethic. Part.
III. Prop. II. p. 97. unb ebenbaſ. in demon-
ſtrat. corporis motus et quies alio oriri debuit corpore, quod etiam ad motum vel quietem determinatum fuit ab alio. Item: Corpus motum, vel quiefcens ad motum vel
quietem determinari debuit ab alio corpore,
quod

quod etiam ad motum vel quietem determinatum fuit ab alio, et illud iterum ab alio,
et sic in infinitum. Eth. P. II. prop. 13. lemm.
3. p. 54. — Manifestum est, ruft Lange aus,
hic adesse hypothesin Leibnitii etc. Allein
die ganze Deduktion beruht auf einer oberflächli-
chen Kenntniß des Systems, und es ist keiner zu
beneiden, der sich damit bereichert hat. Wir mögen
die prästabilirte Harmonie nach dem Systeme des
Dualism oder nach der Monadologie verstehn,
Spinoza kann sie in keinem Falle vorbereitet haben.

Parmenides.

Du sprichst von einer doppelten Art, die Harmonie zu verstehen? wie das?

Xenophanes.

Anfangs war Leibniz unstreitig Dualist; er
nahm Materie und Geist, als zwey entgegengesetzte unvereinbare Dinge an, und diese völlige
Heterogeneität von beyden vermochte ihn, das
gemeinschaftliche Wirken der Geister und Körper
durch eine vorherbestimmte Harmonie zu erklären.
Späterhin erfand er das System der Monadologie, und nach diesem war es nun nicht mehr
die Frage vom Wirken der Materie auf den Geist,
und des Geistes auf die Materie, sondern vom
Wirken einfacher Kräfte auf einfache Kräfte. Allein

lein es blieb immer dieselbe Schwierigkeit. Keine
einfache Kraft kann nach ihm durch eine andre
in ihrem innern Wesen geändert werden; jede
hat den Grund ihrer Bestimmungen in sich selbst;
es bedurfte also immer noch einer Harmonie. Allein wenn auch im Spinoza die Sätze vorkommen: nec corpus mentem ad cogitandum, nec
mens corpus ad motum neque ad quietem
neque ad aliud determinare poteſt u. a. ſo haben ſie doch bey ihm einen ganz andern Sinn als
bey Leibniz, und können im geringſten nicht auf
präſtabilirte Harmonie hinführen. Materie und
Gedanke ſind ja nach Spinoza im ſtrengſten Sinne
des Wortes eines und daſſelbe Ding, und zwar
nicht durch ſchöpferiſche Verbindung, ſondern
von Ewigkeit her.

Parmenides.

Aber, was in aller Welt ſollen denn jene
Sätze heißen?

Xenophanes.

Was ſonſt, als: der Leib beſtimmt die Seele
nicht zum Denken, die Seele den Leib weder zur
Bewegung noch zur Ruhe; denn Leib und Seele,
oder, der Leib und ſein Begrif ſind nicht zwey
verſchiedene Dinge, ſondern eines und daſſelbe.
Die Gottheit entwickelt aus ſich die Weiſen der

Kör-

Körperwelt, und ihre Begriffe und die Begriffe
von diesen Begriffen. Die Erscheinungen also
sind es nicht, die die Vorstellungen bewirken,
das heißt, die Seele muß nicht leidentlich Vorstellungen bild, bilden, weil eben jetzt Gegenstände auf sie wirken, sondern in Gott ist von
jedem materiellen Gegenstande, und jeder Veränderung und jedem Zustande desselben eben so
nothwendig ein Ideenbild, als der Gegenstand
selbst.

Parmenides.

Freylich auf diese Art kann bey Spinoza gar
kein Gedanke von prästabilirter Harmonie Statt
finden, weil es nach ihm keine Dinge giebt, die
erst hätten in Harmonie gesetzt werden müssen,
keine schroff von einander abstehenden Dinge, Materie und Geist, — keine Unendlichkeit einfacher
Substanzen. — Aber wie ist's möglich, daß man
der Welt solche Behauptungen mit so vieler Zuversicht aufdringen kann?

Xenophanes.

Wie es bey Langen möglich war, liegt
am Tage. — Allein auch Moses kannte den
Spinozism nur aus Kompendien, oder hatte
Spinozas Schriften nur flüchtig gelesen. Da
er also die Sätze: nec corpus mentem u. s. w.

außer

außer dem Zusammenhange des Ganzen las, so
konnte er leicht Aehnlichkeit mit den Grundsätzen
finden, auf welche Leibniz seine Harmonie baute.
Allein er hätte bedenken sollen, daß Leibniz scharf-
sinnig, genug war, um eine solche Idee selbst zu
erfinden, und zu redlich, um nicht den Erfinder zu
nennen, dem er sie abgeborgt hatte, wenn dieses wirklich der Fall gewesen wäre. Allein, was
sezt man nicht aus den Augen, wenn es darauf ankommt, sich selbst als den Urheber einer
Entdeckung zu zeigen!

Parmenides.

Und es giebt so viele Leibnizianer, wenigstens so viele, die alle ihre Urtheile mit Leibnizens Nahmen stempeln, und keiner hat dieß gerügt?

Xenophanes.

In unsern Zeiten keiner. Man fährt freylich besser, wenn man einem berühmten Leben-
den nachbetet, als wenn man einen verkannten
großen Mann rettet. Allein zu Langens Zeiten ist der Irrthum gerügt worden. Wolf selbst,
dieser große Denker, der freylich unsre philosophischen Genien anekelt, aber doch überall hell
sah, und tief eindrang, Wolf zeigte sehr bald,
daß man eben sowohl aus Feuer Wasser herleiten
kann,

kann, als aus Spinoza Leibnizens Harmonie¹). Höre seine Worte, sie sind wichtig, und zeigen besonders, wie scharf dieser Mann Spinozas System gefaßt hatte. Die Parallele besonders zwischen den Systemen beyder Männer ist meister-haft:²) Spinoza non admittit duplicem sub-stantiam, adeoque nullum statuit inter men-tem et corpus commercium, consequenter iuxta ipsius hypothesin vana quaestio: quo-modo commercium illud obtineatur, seu quaenam sit eius caussa. *Substantia cogitans et substantia extensa vna eademque est substan-tia, quae iam sub hoc iam sub illo attributo comprehenditur: Sic etiam modus extensionis et idea illius modi vna eademque res est, sed duobus modis expressa.*³) Ipsa haec Spinozae verba sunt, quae recito. Vide itaque, quam absonum sit, systema harmoniae praestabili-tae in Spinosa quaerere, qui nullo prorsus opus habet, cum in ipsius hypothesi nullus

sit

---

1) in s. B. de differentia nexus rerum sapientis et fata-lis necessitatis nec non systematis harmoniae prae-stabilitae et hypothesium Spinozae. Hal. Magdeb. 1724.

2) im angeführten B. S. 63. 64. 65.

3) Eth. Part. 2 Prop. 7. Schol. p. 46.

G

fit commercio inter mentem et corpus locus.
Qui interrogant, num fyftema harmoniae
praeftabilitae hypothefibus Spinozae conue-
niat, fimiles funt interroganti, num fyftema
influxus phyfici contineatur in Hobbefio, qui
tanquam Materialifta folam fubftantiam corpoream admittit, mentis exiftentiam negat.
Sed audiamus Spinozae verba, quibus fucus
fieri debet fyftema ipfius ignorantibus, quafi is
eadem doceret, quae in fyftemate harmoniae
praeftabilitae inculcantur. Obftupefces ad-
duci verba, quae contradictoria eidem fy-
ftemati palam eloquuntur, nimirum, quod
Spinoza, *Mens et corpus*, ait, *vna eademque*
res eft, quae iam fub cogitationis, iam fub ex-
tenfionis attributo concipitur. Vnde fit, vt ordo,
fiue rerum concatenatio vna fit, fiue natura
fub hoc, fibi fub illo attributo concipiatur, con-
fequenter, vt ordo actionum et paffionum corpo-
ris noftri fimul fit natura cum ordine actionum
et paffionum mentis.

Dicit *Spinoza*, mentem et corpus effe
vnam eandemque rem, cogitationem et extenfionem effe diuerfos eandem rem reprae-
fentandi modos.

Leib-

Leibnitius docet, mentem et corpus effe duas fubftantias a fe inuicem realiter diuer-fas, cogitationem et extenfionem effe attri-buta diuerfarum fubftantiarum.

. *Spinoza* affirmat, feriem perceptionum et feriem motuum effe vnam eandemque con-catenationem, nec differre realiter, fed no-ftro tantum concipiendi modo, vtpote, non nifi eandem vnius fubftantiae modificatio-nem.

Leibnitius ftatuit, feries perceptionum in mente vi diuerfa produci a ferie motuum in corpore, fecundum leges prorfus diuerfas, et modificationes mentis diuerfas prorfus effe a modificationibus corporis.

Spinoza afferit, feriem perceptionum et feriem motuum effe fimul *natura*.

· Secundum *Leibnitium* tantum funt fimul *tempore*.

Sed taedet plura eam in rem afferre, cum fatis fuperque manifeftum fit, defiderari in hac obiectione candorem. Quis enim dixerit, duos idem fentire, quorum alter res duas a fe inuicem diuerfas inter fe confentire ftatuit in actionibus atque paffionibus fuis, alter vero affirmat, quae inftar rerum dua-

rum

rum inter fe diuerfarum confiderentur, non
effe nifi vnam eandemque rem? Hoc tamen
non obſtante, vlterius ex Spinoza vrgentur
haec verba: *Ordo et connexio idearum idem eſt
ac ordo et connexio rerum et vice verſa ordo
et connexio rerum idem eſt ac ordo et connexio
idearum. Quare ſicut ordo et connexio idearum in mente fit ſecundum ordinem et conca-
tenationem affectionum corporis; ſic vice
verſa ordo et connexio affectionum corporis fit,
prout cogitationes rerumque ideae ordinantur
et concatenantur in mente* [1]). Mens et corpus Spinozae vna eadem res funt: quid igitur mirum, quod eaedem quoque iuxta ipfum
fint vtriusque affectiones. Immo mentem
humanam et corpus hominis ne quidem pro
peculiari fubſtantia habet Spinoza, fed pro
modo aliquo vnicae, quam admittit, et dei
nomine infignit, fubſtantiae venditat.

Mich wundert, daß man nicht auch gefagt
hat, Leibniz habe die Monadologie aus dem Spinoza genommen.

Parmenides.

Dazu hätte nun wohl auch nicht einmal ein
Misverſtändnis Anlaß geben können.

Xeno-

[1]) Eth. P. 4. p. I. p. 237.

Xenophanes.

Gewiß eben so gut, als zu jener Behaup‐
tung. Denn nach Spinoza ist ja alles beseelt,
der Grashalm und das Staubkorn sowohl, als
der Mensch. Die hieher gehörige wichtige Stelle,
welche man ganz übersehen zu haben scheint, be‐
findet sich im 2. B. d. Eth. in der Anm. zu b. 13,
S. Ex his intelligimus, non tantum mentem
humanam vnitam esse corpori; sed etiam,
quid per mentis et corporis vnionem intelli‐
gendum sit. Verum ipsam adaequate siue
distincte intelligere nemo poterit, nisi prius
nostri corporis naturam adaequate cognoscat.
Iam ea, quae hucusque ostendimus, admo‐
dum communia sunt, nec magis ad homines
quam ad *reliqua indiuidua* pertinent, *quae omnia*
quamuis diuersis gradibus, animata tamen sunt.
Nam cuiuscunque rei datur necessario in deo
idea, cuius deus est caussa, eodem modo,
ac humani corporis idea, atque adeo, quid‐
quid de idea humani corporis diximus, id
de cuiuscunque rei idea necessario dicendum
est. Scheint das nicht Monadologie zu seyn?—
Allein eben so wenig als Spinoza auf prästabilirte
Harmonie gerathen kann, wenn er auch annimmt,
daß die Ideenreihen der denkenden Substanz den

Be‐

Beſtimmungen und Zuſtänden der Materie genau
entſprechen, ohne daß die einen auf die andern
wirken; eben ſo wenig kann er die Monadologie
annehmen, wenn auch gleich nach ihm alles be-
ſeelt iſt. Denn alle dieſe Seelen des Spinoza ſind
nicht mehrere beſondere Weſen, ſondern nur eines.

Parmenides.

In dieſem allen muß ich dir beypflichten,
und ich ſehe nun ſchon wenig Möglichkeit vor mir,
den Spinozismus auf Leibnizens Syſtem zurück-
zuführen. Faſt ſcheint mir das Gegentheil nothwendig.

Xenophanes.

Wenn es dir gefällt, ſo machen wir dieſe
Unterſuchung zu einem Gegenſtande unſrer näch-
ſten Unterhaltung. Du verlierſt auf keinen Fall
dabey. Vielmehr erſcheint die wahre Vorſtellungsart eines Syſtems in vorzüglich hellem
Lichte, wenn man ſie mit einer falſchen kontra-
ſtiren läßt.

Xenophanes.

Vor allen Dingen laß uns, mein Freund, den
Standpunkt faſſen, aus welchen man Spinozas Syſtem anſehen muß. Laß uns feſtſetzen,

von wo er ausgieng und worauf er hingieng; denn
sonst können wir schlechterdings den Weg nicht beurtheilen, welchen er nahm. Die meisten Widerleger
Spinozas scheinen dieß für eine sehr überflüßige
Sache gehalten zu haben. Sie kehren blos die kos-
mologische Seite seines Systems heraus, und das
wichtigste daran stellen sie in ein gleichgültiges
Dunkel. So entwickelt man es in den akade-
mischen Vorlesungen der Metaphysik gemeiniglich
mitten in der ganzen Folge von Systemen des Des
Cartes, Berkeley, Malebranche, Leibniz, da
es doch fast mit keinem dieser Systeme in Parallele gesetzt werden kann, sondern weit hinaus
nach allen diesen, an der äußersten Gränze der
metaphysischen Untersuchungen liegt. Spinozas
Hauptzweck war nicht, die allgemeinen Gesetze
der Natur auszuspähen, das innre Wesen der
Körper und Geister zu enthüllen, nein, er wollte
vorzüglich die Entstehung der Dinge in Rücksicht
auf den Schöpfer erklären, das Verhältnis der
Geschöpfe gegen den Urheber angeben. Ein nothwendiges Wesen, eine Gottheit war seine eviden-
teste Idee; rings um sich sah er Dinge, die in
einem beständigen Wechsel von Veränderungen
fortdauerten, und von ihrem Daseyn und Wesen
selbst keine Rechenschaft geben konnten: wie ver-

G 4   hal-

halten sich diese gegen jenes, wie sind sie wirklich
geworden, wie dauern sie fort, wie sind sie
von ihm unterschieden, das waren die Haupt-
fragen, welche diesen Denker zur Untersuchung
anspornten. Kein System that ihm hierinn
genug; in den meisten fand er gar keinen Aufschluß, und die Aufschlüsse der übrigen schienen
ihm widersinnig; Schöpfung aus nichts, Anfang der Zeit konnt' er gar nicht denken, und so
gieng er zu seinem Systeme über. Wolf sah dieß
sehr wohl ein: Die Spinozisterey, sagt er,
ist entsprungen aus der Unmöglichkeit der
Schöpfung, verbunden mit den Grundsätzen der kartesischen Weltweisheit, und zwar
durch den Misbrauch des Kennzeichens der
Wahrheit, welches in dieser Weltweisheit
festgesetzt ist. Daher muß derjenige, welcher die Spinozisterey umstürzen will, entweder die Wirklichkeit des Begriffes einer
erschaffenden Kraft erweisen, oder er muß
zeigen, daß in Des Cartes Grundsätzen
solche Dinge enthalten seyen, welche der
Wahrheit entgegen sind.[1]) Auch Jakobi
gieng

<hr />

[1]) Wolf in der Widerlegung des Spinoza S. 19. im Anhange der deutschen Uebersetzung der Ethik. Frankf.
und Leipzig, 1711.

gieng von diesem Gesichtspunkte aus:[1] Das,
was die Philosophie des Spinoza von jeder
andern unterscheidet, sagt er, was ihre Seele
ausmacht, ist dieses, daß der bekannte
Grundsatz gigni de nihilo nihil, in nihilum
nil posse reuerti, mit der äußersten Strenge
darinn festgehalten, und ausgeführt ist.
Wenn er allen Anfang von irgend einer
Handlung geleugnet, und das System der
Endursachen, als die größte Verrückung
des menschlichen Verstandes angesehn hat,
so ist es nur zufolge dieses Grundsatzes.[2]

Parmenides.

Ich habe diesen Gesichtspunkt sehr wohl gefaßt, und kann mir denken, wie schwer der Gedanke einer Schöpfung aus Nichts in einem
Kopfe haften kann, welcher alles erklärt wissen
will. Allein zugegeben, daß Spinoza durch
seine Lehrsätze diesem Dogma ausgewichen ist, so
verliert doch sein System sehr viel von seinem

G 5   Ge-

[1] Briefe über die Lehre des Spinoza. S. 14. 59. auch
S. 107.

[2] Tiefgedachte Ideen über die Entstehung des Spinozism befinden sich im Aufsatze eines Ungenannten
im grauen Ungeheuer, vom J. 1787. N. 39. S. 132.

Gewicht, wenn man zeigen kann: 1) daß es auf falschen Begriffen beruht; 2) daß es die wichtigsten Erscheinungen der Körper- und Geisterwelt im mindesten nicht erklärt. 3) daß es in der Hauptsache nicht mehr befriedigt, als Schöpfung aus Nichts. Und das, dünkt mich, hat doch Moses mit vielen Scharfsinn bewiesen. Ueberall verwechselt Spinoza: selbständig seyn und: für sich bestehn, formirt sich nach Belieben einen Begrif von Substanz, um aus diesem seine Hypothesen erweisen zu können, erklärt nichts von allen Phänomenen der Güte und Vollkommenheit, allen Gefühlen der Lust und Unlust, des Schmerzes und des Vergnügens in den belebten Geschöpfen, nichts von der Form und den Bewegungen der Körperwelt; verwechselt endlich offenbar das Unendliche der Kraft nach, mit dem Unendlichen der Ausbreitung nach, und die Forderungen, welche Moses in dieser Rücksicht thut, sind so gerecht, daß sein System nicht einmal den Namen eines Systems verdient, wenn es ihnen nicht Genüge leistet?

Xenophanes.

Ich sehe, ich habe einen hitzigen Gegner vor mir, dem es gleich anfangs auf einen Generalsturm nicht ankommt. Laß uns die

Sache

Sache lieber ruhig und nach und nach auseinander setzen.

Du fängst, wie alle Gegner Spinozas mit dem Begriffe Substanz an, Spinoza soll sich ihn willkührlich gebildet haben, um daraus sein System herzuleiten. Ich muß sagen, ich verstehe den ganzen Einwurf noch nicht recht.

Parmenides.

Der sollte dir doch nicht dunkel seyn. Spinoza legt seinem Systeme eine Definition von Substanz zum Grunde, nach welcher es ein Wesen ist, welches durch sich besteht, und keines andern zu seiner Wirklichkeit bedarf. Ein solches ist freylich nur das unendliche, nothwendige, und auch wir legen eine solche Substantialität keinem endlichen zufälligen Wesen bey. Eine Substanz ist ein Ding, welches blos für sich besteht, d. h. welches zwar in seinem Daseyn abhängig, aber doch als ein von dem unendlichen abgesondertes Wesen vorhanden ist. Indem nun Spinoza von einem so eigenmächtigen Begriffe ausgieng, ist es kein Wunder daß er seine Sätze erwies, allein im Grunde erschlich er sie doch nur. Wir unterscheiden sorgfältig Selbstständigkeit und Fürsichbestehn, wir behaupten, es lassen sich Wesen denken, die nicht blos als

Noth

Modifikationen eines andern Wesens bestehen, sondern ihre eigene Beständheit haben, und selbst
modificirt sind. · Eine Substantialität von dieser
zweyten Gattung glauben wir mit Recht auch endlichen und zufälligen Wesen zuschreiben zu können.
Alles, was Spinoza also mit geometrischer Schärfe aus seiner Erklärung der Substanz herleitet,
können wir wohl gelten lassen, aber nur von dem
selbstständigen Wesen, dem allein Unendlichkeit der
Kraft nach und nothwendiges unabhängiges Daseyn zukommt, keineswegs aber von allen für
sich bestehenden Dingen.

Xenophanes.

Sonach ist wohl der ganze Gang, den Spinoza zu seiner Hauptidee nahm, nichts besseres,
als ein Stratagem, ein listiges Manöver, womit
er seine sorglosen Schüler täuschen wollte? —
Fast scheint es so. — Allein, wie dann, wenn
man diesen Vorwurf gegen euch kehrte? wenn man
zeigte, daß ihr selbst, indem ihr ihn wegen einer
vernachläßigten Schuldefinition züchtigt, vor den
Augen des Publikums eine Diversion machen wollt,
um die Aufmerksamkeit von der Hauptsache abzu-
lenken? daß ihr eure ganze Macht gegen einen arm-
seligen Terminus wendet, anstatt die Gedanken
selbst anzugreifen? — Und wo liegt denn der
großße

große Unterſchied zwiſchen der Beſtimmung dieſes
Begriffs bey Spinoza und der bey andern Weltweiſen? Sind ſie nicht entweder ganz mit ihm einig, oder müſſen doch auf ſeine Erklärung zu-
rückkommen, wenn man ihre Gedanken weiter verfolgt? Die Scholaſtiker definirten die Subſtanz
ens, quod per ſe ſubſiſtit et ſuſtinet acciden-
tia; die Selbſtſtändigkeit einer Subſtanz ſchränkten
ſie ſo ein, quod non ſit in alio, tanquam in
ſubiecto; denn die eſſentialia, welche das Subjekt
ausmachen, ſagten ſie, exiſtirten non praeſuppoſitis aliis, da hingegen die attributa und modi, non niſi praeſuppoſitis aliis gedacht werden
könnten.¹) Allein man darf nur eine weitere Erklärung der Ausdrücke, eſſe in alio tanquam in
ſubiecto, und exiſtere non praeſuppoſito alio,
verlan-

<hr>

1) S. Clauberg. Metaph. de ente, §. 44. Wolf Ontol.
§. 773. Man findet bey dieſen Männern die Idee
der Scholaſtiker entwickelt. Ich erinnere dieſes, um
jedem Mißverſtändniſſe vorzubeugen. Denn bey Gelegenheit meiner erſten Schrift über den Spinozism:
Animadverſiones in Moſis Mendelii refutionem pla-
citorum Spinozae, Lipſ. 1786. wo ich eben dieſe Ci-
taten beyfügte, beſchuldigte mich zu meiner großen
Verwunderung ein mir ſehr ſchätzbarer Recenſent in der
Jenaiſchen Zeitung: ich hätte Claubern unter die
Scholaſtiker gezählt.

verlangen, um zu ſehen, daß durch dieſe Definitionen entweder gar nichts geſagt wird, oder die
Subſtanzen zu ſchlechterdings nothwendigen Weſe-
ſen gemacht werden; denn das eſſe in alio, tanquam in ſubiecto, eſſe praeſuppoſito alio bezieht ſich entweder auf das Verhältniß einer Urſache zur Wirkung oder eines Theils zum Ganzen. Von welchem Weſen aber, das mir die Erfahrung giebt, kann ich ſagen, es ſey die Wirkung keiner Urſache, oder kein Theil eines Ganzen?
— Des Cartes ſagte: ſubſtantia eſt res, quae ita
exiſtit, ut nulla alia re indigeat ad exiſtendum; da nun aber dieſer Begriff blos auf die
Gottheit paßte, ſo half er ſich ſo: ſubſtantia,
quae nulla· re plane indigeat, unica tantum
poteſt intelligi, nempe deus; alias vero
omnes non niſi ope concurſus dei exiſtere
poſſe percipimus, atque ideo nomen ſubſtantiae non convenit deo et illis univoce, hoc
eſt, nulla eius nominis ſignificatio poteſt di-
ſtincte intelligi, quae deo et creaturis ſit
communis. Wozu brauchen wir denn aber auch
eine gemeinſchaftliche Benennung für Dinge, die
in Rückſicht auf die Art ihres Daſeyns ganz ver-
ſchieden ſind? Wenn ich Weſen von einem beding-
ten Daſeyn Subſtanzen nenne, ſo darf ich doch
das

das nothwendige Wesen nicht auch so nennen? ——
Allein das alles ist leerer Wortstreit. Spinoza'n
war es eben so wenig bey seiner Ethik darum zu
thun, jemanden durch eine Definition zu berücken,
als es überhaupt sein Zweck nicht war, andre
von seinen Ideen zu überreden. Er gieng vom
höchsten Vernunftbegriffe aus, dem eines nothwendigen Wesens, und dieses nannte er Substanz.
Sein Ideengang hierbey ist der sicherste, den nur
der menschliche Geist nehmen kann, und ich kann
mich nicht entbrechen, dir zu erklären, wie ich mir
vorstelle, daß Spinoza darauf kam, von diesem
Begriffe auszugehn. Kaum gelingt es einem, ihm
zu folgen, wenn man seine trockenen Sätze liest;
allein, ein großer Geist, wie er, rechnete auch gewiß darauf, daß man den Quellen seiner Ideen
nachspähte. Insgemein sagt man, Spinoza habe sich hinter die mathematische Methode versteckt,
um desto schlauer mit seinen sonderbaren Meynungen zu täuschen. Allein ich bin fest überzeugt,
daß er sich in den meisten Fällen dadurch geschadet hat. Wenn er, anstatt das Resultat eines
langen Nachdenkens in einer kurzen Definition vor-
zulegen, und die analytische Ableitung davon dem
eignen Nachdenken seiner Leser zu überlassen, vielmehr seinen Ideengang sich selbst vor unsern Au-

gen

gen hätte entwickeln laſſen, wenn er geſchrieben hätte
in der Situation der Betrachtung ſelbſt, wie Des
Cartes in ſeinen intereſſanten Selbſtgeſprächen
über Gott, Welt und Seele; ſo würde ſeine Definition von Subſtanz die ſchiefen Beurtheilungen
nicht erfahren haben, die wir faſt in allen Kritiken
dieſes Syſtems antreffen. — —

Mit dem vorſtellenden Weſen, ſo ungefähr
wird jeder denkende Kopf ſeine Betrachtung über
das Daſeyn der Welt und der Gottheit anfangen,
ſtrömen allaugenblicklich Erſcheinungen zu; einige
davon ſcheinen ihren Grund in gewiſſen außer mir
befindlichen Objekten zu haben, einige ſcheinen unmittelbar aus den Veränderungen meines Weſens
ſelbſt zu entſpringen. Dadurch, daß ich in mir
ſelbſt den Grund zu den meiſten meiner Beſtimmungen zu finden glaube, bild' ich nach und nach den
Begriff eines individuellen, für ſich beſtehenden
Dinges, eines Ganzen, und indem ich von vielen
Dingen ihren weſentlichen Zuſammenhang nicht
einſehe, trage ich jenen Begriff auf ſie über. So
ſtellt mir die Erfahrung mich und die Dinge um
mich her, als eine Menge Weſen vor, von denen
jedes ſeine Individualität und Selbſtſtändigkeit hat.
Innigſt in meine Natur verwebt iſt das Vermögen
und der Trieb, von Wirkung zur Urſache aufzu-
ſteigen,

ſteigen, für jede Erſcheinung den zureichenden
Grund zu finden. Das erſte Anerkennen eines
äußern Objekts war nichts anders, als eine Aeußerung davon; durch meine Organen entſtand in
meinem Geiſte eine gewiſſe Veränderung, und ohne mein Wiſſen entwickelte ſich die Ueberzeugung,
daß gewiſſe Objekte mit mir im Verhältniſſe ſtehen,
von deren Einwirkung dieſe Veränderung die Folge
iſt. ¹) So von meinem Weſen ſelbſt gedrungen,

von

¹) Ich kann unmöglich Herrn Jakobi beyſtimmen, wenn
er das Anerkennen äußerer Gegenſtände für ganz unabhängig von jeder Operation des Verſtandes, jeder
Thätigkeit des Kauſſalitätsgeſetzes hält. „Der Ge-
„genſtand, ſo ſagt er in ſeinem Buche über Idealismus
„und Realismus S. 63. trägt eben ſo viel zur Wahr-
„nehmung des Bewußtſeyns bey, als das Bewußtſeyn
„zur Wahrnehmung des Gegenſtandes. Ich erfahre,
„daß ich bin, und daß etwas außer mir iſt, in dem-
„ſelben untheilbarem Augenblicke; und in dieſem Au-
„genblicke leidet meine Seele vom Gegenſtande nicht
„mehr, als ſie von ſich ſelbſt leidet. Keine Vorſtel-
„lung, kein Schluß vermittelt dieſe zwiefache Offen-
„barung. Nichts tritt in der Seele zwiſchen die
„Wahrnehmung des Wirklichen außer ihr und des
„Wirklichen in ihr. Vorſtellungen ſind noch nicht;
„ſie erſcheinen erſt hinten nach, als Schatten der
„Dinge, welche gegenwärtig waren. Auch können
„wir ſie immer auf das Reale, wovon ſie genommen

H   ſind,

von Wirkung zur Ursache fortzugehen, wie kann
ich, umringt von diesen zahllosen Erscheinungen,
mich

„sind, und welches sie voraussetzen, zurückführen;
„und wir müssen sie jedesmal darauf zurückführen,
„wenn wir wissen wollen, ob sie wahr sind.“ Ferner
auf der 64. und 65. Seite desselben Werks: „Fassen
„Sie Ihr Wesen in dem Punkte einer einfachen Wahr=
„nehmung zusammen, damit Sie ein für allemal inne,
„und für Ihr ganzes Leben unerschütterlich überzeugt
„werden: daß auch bey der allerersten und einfachsten
„Wahrnehmung, das Ich und das Du, inneres Be=
„wußtseyn und äußerlicher Gegenstand, sogleich in der
„Seele da seyn muß; beydes in demselben Nu, dem=
„selben untheilbaren Augenblicke, ohne irgend eine
„Operation des Verstandes, ja ohne in diesem auch
„nur von ferne die Erzeugung des Begriffs von Ur=
„sache und Wirkung anzufangen.“ — Der tiefsinnige
Verfasser erlaube mir einige Bemerkungen: 1) Er
setzt voraus, daß Gefühl seiner selbst und Gefühl äu=
ßerer Wirklichkeit ganz zugleich entsteht; dieses scheint
mir aller Erfahrung zu widersprechen. Selbstgefühl
entsteht vor aller Gewahrnehmung eines äußern Gegen=
standes, das ich ist älter, denn jedes du. Wollte
man sagen: das ich ist ja selbst zum Theil Gefühl
äußerer Gegenstände; nämlich das Resultat der Zu=
sammensetzung von Theilen und Kräften, woraus
mein Wesen besteht; so möchte dieses wohl mehr spitz=
findig, als wahr seyn; das ich entsteht durch so viel
äußere Dinge, als man will; so entsteht es doch nicht
durch

mich der Frage enthalten: Woher sind diese Objekte? sind sie zufällig oder nothwendig? enthal-

ten

durch die Gewahrnehmung derselben. Wer dieses
annähme, ließe das Ich wirken, ehe es entstanden
ist. Für uns also enthält es, als Gefühl, nichts von
äußerer Wirklichkeit. Mich dünkt, wir täuschen uns
hier, wie in andern Fällen, dadurch, daß wir das
ich als mutum quid inſtar picturæ in tabula, (um
mit Spinoza zu reden,) als ein von der Seele losge-
rissenes, vollendetes Bild beobachten, und nicht als
den regen Aktus der Seele selbst in jedem Augenblicke
des Selbstgefühls, oder, daß wir den Begriff des
Selbstgefühls, und den Begriff von diesem Begriffe
mit dem eigentlichen wirklichen Selbstgefühle verwechseln. Freylich, wenn der Mensch von gereifter
Vernunft das ich deutlich denkt, so muß er allezeit
zugleich ein du denken; denn das ich wird erst von
der Vernunft unterscheidend gedacht, wenn es mit
einem du zusammengestellt werden kann. Allein nichts-
destoweniger ist das ich für sich von allem du, das
Selbstgefühl von allem Gefühl äußerer Wirklichkeit
unterschieden, und auf keinen Fall muß bey den allerersten und einfachsten Wahrnehmungen, das ich und
das du, inneres Bewußtseyn und äußerer Gegenstand zugleich in der Seele da seyn, vielmehr scheint
es mir auf keinem Falle möglich, daß beydes zugleich
in demselben untheilbaren Augenblicke wirklich werde.

Denn wie sollt: ich mir dieses denken? Der Aktus des Geistes bey Anerkennung seiner selbst, und
äußer-

ten sie den Grund ihres Daseyns in sich, oder
ist irgend ein anderes Wesen, welches sie hervor-
brach-

äußerer Wirklichkeit wäre doch zusammengesetzt. Denn
die Richtung der Erkenntnißkraft in sich und die außer
sich sind zwey verschiedene Thätigkeiten, und, wie
sehr ich auch beyde von einander abhängen lasse, so
gehn sie dennoch successiv vor sich, die eine muß also
immer eher beginnen, als die andre. — 2) Wenn das
Selbstgefühl nun erwacht ist, und die Sinnen dem
Spiele der Außenwelt blos; liegen, so beginnt
das lebende Wesen, alle Eindrücke im Verhältnisse
gegen sein Selbstgefühl zu schätzen. Schlechterdings
mußte es früher ein festes Ich, ein begränztes Bewußtseyn seiner selbst (obwohl da noch blos im Gefühle,) haben, ehe es äußere von ihm selbst unter-
schiedene Dinge annehmen konnte. Bey dieser Anerkennung äußerer Dinge nun, bey dieser Unterscheidung eines du von dem ich, ist offenbar Gefühl von
Verhältnis und Beziehung; wo dieses ist, da wirkt
Verstand. Und nach welchem Gesetze mag nun der
Verstand wohl wirken? Nach keinem andern, als dem der
Kauffalität. Allein wird man sagen, dieses würde
ja eben so gut erfüllt, wenn er die Ursache der Vorstellungen in sich setzte, und gar nicht an Außenwelt dächte, was reißt das Gefühl gleichsam aus sich
heraus? — Mich dünkt, das eigene Bewußseyn selbst.
Dieses sagt dem Menschen sehr bald, was sich blos
aus ihm selbst entwickelt, seinen Grund allein in ihm
hat; denn es herrscht durch seine ganze Organisation.

Nun

brachte, und ihre Exiſtenz fortſetzt? Zwo Fälle
biethen ſich mir zur Wahl an: entweder, dieſe

$\mathfrak{H}$ 3 Dinge

Nun ſtellt das innere Bewußtſeyn dem aufkeimenden
Menſchen ſchlechterdings keinen Gegenſtand dar, er
lebt ganz im Gefühl und Beſtreben und Verabſcheuen,
ohne doch dieſe Thätigkeiten zu Objekten ſeiner Vor-
ſtellkraft zu machen, die äußern Sinnen allein liefern
ihm gleich anfangs Vorſtellungen, Objekte, welche
nicht mit ſeinem Ich ſo innig vereinbart, mit ſeinem
Bewußtſeyn ſo ganz verſchmolzen ſind, als die Gefühle und Regungen in ſeinem Innern, und ſo muß
ja nothwendig das Gefühl äußerer Wirklichkeit entſte-
hen. Wer alle dieſe Thätigkeiten leugnen wollte,
müßte die Sache ſelbſt leugnen, und wer ſie nicht
auf Rechnung des Verſtandes ſchriebe, müßte eine
andre Kraft annehmen, aus welcher er die dunkeln
Gefühle von Beziehung, Verhältniß, zureichendem
Grunde, u. ſ. w. erklärte, und ich ſehe nicht ein,
welche. Vielleicht iſt es eines der verwirrendeſten Vorurtheile in der Seelenlehre, daß man ſich Verſtand
und Vernunft als Kräfte denkt, welche in unſrer Willkühr ſtehn, da ſie doch im Grunde ſo leidentlich wirken, als das Gefühl. Beyde Kräfte ſind Eigenthum
der Natur, wirken an der Hand der Natur, und be-
folgen ihre Geſetze ſo ſtreng im ſchnellſten Gefühle,
als in der deutlichſten Ideenreihe.

Allein ſo wenig es mir möglich war, bey dieſem
Gegenſtande mit Herrn Jakobi übereinzuſtimmen; ſo
muß ich doch auf der andern Seite geſtehn, daß die

Aus-

Dinge sind selbst nothwendig, oder, wenn sie nicht nothwendig sind, so ist außer ihnen ein nothwendiges Wesen, welches den Grund ihres Daseyns enthält. Welcher von beyden Sätzen auch der wahre sey, kein dritter findet nicht Statt, so ist so viel gewiß, daß ein nothwendiges Wesen ist; dieses seyen nun die Dinge selbst, oder etwas, das von ihnen ganz gesondert ist. — Mit der Festsetzung dieses Grundsatzes bin ich nun auf einmal dem Schauplatze der Erscheinungen entrückt, ich darf meinen

Ausdrücke: Glaube und Offenbahrung, deren er sich dabey bedient hat, mir mit Unrecht von so vielen Weltweisen getadelt zu seyn scheinen. Nämlich, inwiefern die Ueberzeugung, oder vielmehr das Annehmen äußerer Dinge durch die Thätigkeit eines ohne unser Bewußtseyn wirkenden Grundvermögens gebildet wird, dessen Wirkungen uns nur dann erst zugeschrieben werden können, wenn wir uns derselben bewußt sind, insofern kann er gewiß mit Recht sagen: durch den Glauben wir, daß wir einen Körper haben, und daß außer uns andre Körper und andre denkende Wesen vorhanden sind; und inwiefern jene bey allen belebten Geschöpfen anzutreffende Aeußerung dessel- Vermögens die Folge einer transcendentalen, aller Erfahrung vorhergehenden Einrichtung der Natur ist; kann er eben so richtig sagen: es sey eine wahrhaft wundervolle Offenbarung. Briefe über die Lehre des Spinoza, S. 163. 164.

nen Sinnen den Zugang verſchließen, und nur
darauf merken, was mir meine Vernunft von
dem nothwendig daſeyenden Weſen ſagen kann.
So viel weiß ich für jetzt: es iſt durch ſich; ſein
Begrif bedarf zu ſeinem Verſtändniſſe nicht des
Begriffes eines andern Dinges; denn er iſt keine
Wirkung, er iſt die Urſache aller Wirkungen; die
Bedingungen aller ſeiner Eigenſchaften liegen nicht
außer ihm, ſondern in ihm, da hingegen bey je-
der bewirkten Sache nicht nur der Grund ihres
Daſeyns, ſondern auch der völlige zureichende
Grund ihres Weſens, ihrer Beſtandtheile, und
Eigenſchaften in der Urſache liegt, ſo daß ohne
den ganz vollſtändigen Begrif der Urſache kein
vollſtändiger Begrif davon Statt finden kann.¹)

Was für Vollkommenheiten, fahr ich fort,
muß dieſes nothwendige Weſen haben? Kann
ein nothwendiges Weſen mehrere nothwendige Weſen hervorbringen? Kann es deren überhaupt
mehrere geben? Dieſe Fragen greifen ſo in einander, daß faſt keine beantwortet werden kann,

H 4 ohne

---

1) Dieſes iſt der wahre Verſtand des Ausdruckes in Spi-
noſas Definition von der Subſtanz: cuius conceptus
non indiget conceptu alterius rei. Wolf erklärt ihn
unrichtig, wenn er ſagt, nach Spinoza ſey dasjenige
für ſich ſelbſt, deſſen Begrif in keine andern Begriffe
aufgelöſt werden kann. §. 674.

ohne daß die andern nicht zugleich beantwortet
würden. — Das nothwendige Wesen muß un=
endliche Realitäten oder Vollkommenheiten besi=
tzen; denn besäße es endliche, so könnte es an=
dre Wesen geben, die vollkommner wären, als
es selbst ist; denn endlich ist das Wesen, welches
vollkommnere seiner Art haben kann; ¹) da nun
aber, wie es sich zugleich zeigen wird, nur ein
nothwendiges Wesen seyn, ein zufälliges aber,
als welches doch von ihm abhängig seyn müßte,
nicht vollkommner, als dasselbe seyn kann, so
muß das nothwendige Wesen alle Realitäten, alle
Vollkommenheiten in sich vereinigen. Mehr als
ein nothwendiges Wesen, kann es nicht geben;
gäb' es ihrer mehr, als eines, so müßten sie
wahrhaft getrennt seyn, zwischen ihnen wäre also
nichts, allein dieses wäre gar kein Gedanke; wä=
ren sie aber wirklich verbunden, so machten sie
nur ein Wesen aus. Dieses leuchtet noch mehr
ein,

¹) Ea res dicitur in suo genere finita, quae alia eiusdem generis terminari non potest. So setzt Spinoza
diesen Begrif fest; Wolf §. 685. S. 37. tadelt ihn
deßhalb ohne Grund, denn es ist offenbar hier vom
Mathematischen Endlichen gar nicht die Rede. Aus=
führlich hat sich Spinoza über diesen Begrif erklärt
im XXXIV. Briefe Opp Posth. 465.

ein, durch die Ueberzeugung von der nothwendigen unendlichen Vollkommenheit des nothwendig daseyenden Wesens. Mehrere Wesen von un-
endlicher Vollkommenheit können nicht seyn; sie
müßten sich völlig in jeder Beziehung gleichen,
sie wären also nur eines. —— Und nach diesem
allen versteht es sich wohl von selbst, daß ein
nothwendiges Wesen unmöglich ein andres nothwendiges hervorbringen kann; in Rücksicht auf
sein Daseyn nämlich würde es allezeit von jenem
abhängen und in Rücksicht auf sein Wesen würde
sich nichts in dem andern finden, wovon nicht
der Grund in jenem läge.

Es ist also ein nothwendiges Wesen, davon
bin ich überzeugt. Ich mußte eher davon überzeugt werden, als ich etwas von dem Daseyn eines zufälligen wissen konnte. Denn um etwas
als zufällig zu denken, muß der Begrif des Nothwendigen zum Grunde liegen. Wenn ich also
zeither die mir erscheinenden Dinge zufällig nannte,
so war dieß nichts mehr, als ein unwillkührliches
Geständniß meiner Unkunde der Natur, und der
Verbindungen derselben; *) da ich hingegen mit

H 5 völ-

*) Spinoza Ethic. L. I. Prop. XXXIII- Schol I. Res ali-
qua nulla alia de caussa contingens dicitur, nisi re-

spe-

völliger Gewißheit sagen kann: est ist ein nothwendiges Wesen, denn es ist etwas, denn ich
bin.

Dieß war ohngefähr Spinozas Ideengang,
das war der Begrif von welchem er ausgieng.
Daß er ihn Substanz nennt, darf ihm niemand
verargen; dieses Wort paßt gerade zu ihm am
besten, und er erschlich sich ja nicht etwa diese
Licenz, sondern erklärte, ehe er noch eine andre
Behauptung vortrug, was er Substanz nenne.
Man sage also nicht: Spinozas System beruht
auf einem eigenmächtig gesetztem Begriffe von
Substanz, man lasse den anstößigen Ausdruck
weg, sage: der Grund von seinem Lehrgebäude
ist der Begrif eines nothwendigen Wesens, und
nun wird hoffentlich niemand leugnen, daß dasselbe auf der gewissesten unzweifelhaftesten Idee
beruht, deren die menschliche Vernunft fähig
ist, auf einer Ueberzeugung, von welcher alle Spe-
kula-

----

spectu defectus nostrae cognitionis, Res enim, cuius essentiam contradictionem inuoluere et tamen de
ipsius existentia nihil certo affirmare possumus, propterea, quod ordo caussarum nos latet, ea nunquam
nec vt necessaria nec vt impossicilis videri nobis potest, ideoque eandem vel contingentem vel possibilem
vocamus.

kulation über das Wesen und den Endzweck der
Geschöpfe ausgehen muß. ')

Par-

1) Der Beweiß vom Daseyn eines nothwendigen Wesens
gründet sich also auf das uns wesentliche Gesetz der
Kaussalität, angewendet auf die Ueberzeugung von wirklich daseyenden Dingen.

Man sieht von selbst:

1) Daß diejenigen sich falsch ausdrücken, welche sagen, es könne aus der Denkbarkeit eines solchen Wesens auf sein Daseyn geschlossen werden: daß man es
vielmehr glaubt, nicht weil man es denken kann,
sondern, weil man es denken muß. Es steht nicht
etwa in meinem Belieben, ein nothwendiges Wesen
zu denken; sondern ich bin durch meine Natur gezwungen, davon überzeugt zu seyn. Wenn man also
sagt: aus der Denkbarkeit eines nothwendigen Wesens folgt nicht sein Daseyn; so dreht man sich in einem Zirkel, und sagt: weil du es als nothwendig
denken mußt, daß ein Wesen da ist, daraus folgt
nicht, daß du es als nothwendig denkest, daß es wirklich da sey.

2) Daß dieser Beweiß gar noch nicht auf einen auf-
serweltlichen Gott geht, sondern auf ein nothwendiges Wesen überhaupt, unentschieden, ob es in der
Welt, außer der Welt, oder die Welt selbst sey. Allein der Deist und der Spinozist müssen von ihm ausgehn, um zu ihren Behauptungen zu kommen.

3) Daß

Parmenides.

Der Ideengang ist natürlich, allein es bleibt gewiß, daß der Sprachgebrauch von Spinoza beleidigt worden, welches immer bey Dingen dieser Art ein großer Fehler ist. — Nun aber ist für sein System immer noch nichts gewonnen. Den Misbrauch des Wortes Substanz völlig vergessen, bleibt dennoch der Vorwurf unwiderlegt, daß Spinoza ohne Grund das Fürsichbestehen der Kreaturen leugnet.

Xenophanes.

Ohne Grund wohl nicht, wenigstens sind die Gründe, welche er vorbringt, noch nicht widerlegt.

3) daß dieser Beweiß keinesweges ohne alle Erfahrungssätze des innern und äußern Sinnes bestehen kann, wie es auch Mendelssohn in den Morgenstunden, d. XVII. Vorles. noch behauptet. Denn wenn wir nicht durch die innern und äußern Sinnen Ueberzeugung von wirklichem Daseyn erhalten hätten; so könnten wir gar keinen Begrif von nothwendigem Daseyn haben.

4) Daß diese Ueberzeugung von einem nothwendigen Daseyn überhaupt, zwar die allergewisseste ist, welcher wir fähig sind, daß aber auch sie im Grunde blos subjektiv, und nichts weiter als das Resultat eines Vernunftgesetzes ist, welches in uns liegt.

legt. Ihr sagt: es besteht etwas für sich, ohne
selbstständig zu seyn, und gebt nicht einen einzigen
Vernunftgrund zum Beweiße dieses Satzes. Spinoza leugnet, daß außer der Substanz irgend etwas für sich bestehe, ja er trägt sogar eine ganze
Reihe von Argumenten für seine Meynung vor;
so werft doch wenigstens diese über den Haufen,
wenn ihr die eure ohne alle Bedeckung lassen
wollt.

Mendelssohn nimmt, wie wir gesehen haben,
zwey Begriffe von Substanz an; nach dem einen
ist sie das Selbstständige, nach dem andern das
für sich bestehende Wesen; jenes, sagt er, ist
unabhängig, und bedarf keines andern Wesens
zu seinem Daseyn, ist also unendlich und nothwendig; das für sich bestehende hingegen kann
in seinem Daseyn abhängig und dennoch als ein
von dem unendlichen abgesondertes Wesen vorhanden seyn. — Ich frage dich, verstehst du
diesen Satz?

Parmenides.

Er ist nichts anders, als der klare unwider-
legliche Ausspruch der Erfahrung. Ich, und
alle Geschöpfe, wir sind freylich von dem Selbstständigen Wesen abhängig, allein wir bestehen
doch

doch für uns, haben unsere eigene Individualität.

Xenophanes.

Was nenneſt du für ſich beſtehen, ſeine
eigene Individualität haben? etwa mit keinem
andern Dinge zuſammenhängen, weſentlich von
ihm getrennt ſeyn? den Grund ſeines Fortwirkens
in ſich enthalten?

Parmenides.

Daß du doch immer das Extrem nimmſt! —
Laß uns bey der Erfahrung bleiben. Die Körper
beſtehen für ſich, und die Geiſter auch. Jene
haben im Raume ihren beſondern Standpunkt und
ihre eigene Begränzung, wodurch ſie von einander
hinlänglich geſondert und unterſchieden ſind; noch
mehr, ſie enthalten auch eine gewiſſe Art, und ein
gewiſſes Maaß eigner Kraft in ſich, auf welchem
ihre Weſenheit beruht. Ich begreife nicht, wie
es in eines Menſchen Sinn kommen kann, dieſes zu
leugnen. Du ſiehſt dort eine Schaar von Vögeln
fliegen; ſie beſtehen freylich nicht durch ſich, allein
deſſenungeachtet für ſich, jeder iſt ein Vogel.

Xenophanes.

Ein Argument, welches handgreiflich genug
iſt;

Parmenides.

Wie du es auch nenneſt, wenn es nur treffend iſt. — Jeder Vogel nimmt in jedem Momente ſeinen eignen Punkt im Raume ein, er hat
ſeine eigne Begränzung von den übrigen Theilen
der Materie, ja er hat auch das Prinzip ſeiner
Weſentlichkeit in ihm. Der allergewiſſeſte Bürge
für ſeine Individualität iſt ſeine Bewegkraft. Wäre
der Vogel mit allem um ihn nur ein und daſſelbe
Ding, ſo müßte das Weltall, oder die Gottheit
Spinozas ſelbſt mit jedem Sperlinge zugleich her-
umfliegen.

Xenophanes.

Man hört, daß du Bailen geleſen haſt; allein
Konſequenzen ſind keine Vernunftgründe.

Parmenides.

Was ich ſagte, war keine ſpitzfindige Konſequenz. Wer die Natur des Weltalls erklären will,
von dem verlangt man mit Recht, daß er die Urſache der Bewegung entwickele; wenigſtens muß
nach ſeinem Syſteme Bewegung nicht unmöglich
ſeyn; das iſt ſie aber ſchlechterdings nach Spinoza. — Das Für ſich beſtehen der Geiſter iſt weit
leichter zu erweiſen, als jenes der Körper. Bewußtſeyn unſrer Selbſt, Unkunde alles deſſen,
was außer demſelben vorgeht, ſagt uns doch wohl
deut-

deutlich genug, daß wir nicht mit allen Dingen eines sind.

Xenophanes.

Ich gestehe dir zu, die Erfahrung ist so ganz gegen Spinoza, daß man leicht in Gefahr kommen dürfte, ihn für einen Verrückten zu halten. — Allein, wie, wenn hier Spekulation über den Gemeinsinn obsiegte? oder, wenn man auch Spinozas Gründe wenigstens nicht widerlegen könnte? — Wir wollen sehen, was er sagen kann! — Allein, anstatt, daß ihr bey euren Beweisen sogleich den Weg der Erfahrung einschlagt; wollen wir erstlich unsre Schlußkette a priori verfolgen; dann wollen wir sehen, ob nicht vielleicht gar in diesem Falle der Weg a posteriori auf jenen zurückgeführt werden kann.

Spinoza gieng bey seinem Systeme von der allergewissesten Idee aus, welche möglich ist, der Idee eines unbedingt nothwendigen Wesens; wir haben gesehen, mit welchem Rechte er dieses that, und wie weit diese Ueberzeugung führen kann. Die erste Frage, die sich dem denkenden Menschen aufbringt, wenn er überzeugt von jenem Begriffe, in den Schauplatz der Erscheinungen zurückkehrt, ist keine andre, als die: Sind diese Dinge um mich her das nothwendige Wesen selbst? oder sind sie

zufäl-

zufällig? und diese Frage setzt nothwendig die voraus: Was sind sie in Rücksicht auf ihr Wesen?
Sind sie eine Zusammensetzung von einfachen Dingen, oder ist überhaupt gar nichts einfaches, sondern eine bis ins unendliche theilbare Zusammensetzung; oder ist überhaupt nichts Zusammengesetz-
tes, sondern alles nur Eins? Giebt es wirklich
zwey ganz heterogene Gattungen materieller und
geistiger Dinge? oder, wird dieser Schein der materiellen Welt durch geistige Kräfte, oder die Einwirkung einer allmächtigen Gottheit hervorgebracht? — Alle diese Fragen, deren jede sich wieder in viele andere auflöst, liegen in der einzigen
von der Substanzialität der zufälligen Dinge; und
man muß in der That den Muth und die Zuversicht der Schulmetaphysiker bewundern, welche sie
alle mit einer kahlen Definition von Substanz über-
mannen zu können glauben. — — Wenn wir
von dem Begriffe des nothwendigen Wesens selbst
ausgehen, so können wir uns dasselbe nicht anders, als beständig wirksam denken. Seine unendlichen Vollkommenheiten sind das, was sie sind,
durch ihre Aeußerungen, durch die Bestimmungen,
die nothwendig aus seinem Wesen folgen. Was
also der Begriff der Möglichkeit in sich faßt, muß
nothwendig wirklich werden, nicht durch successi-

J   ven

ben Entschluß des nothwendigen Wesens, sondern als
nothwendige Folge seines nothwendigen Daseyns.
Die Substanz, ihre Eigenschaften, ihre Bestimmungen sind eine und dieselbe Sache; denn die
Ausdrücke, die nothwendigen Aeußerungen der
Vollkommenheiten dieses Wesens sondern sich nicht
von ihm ab, sondern bleiben in ihm, gehören wesentlich zu ihm. So ist a priori die Frage ge-
schwind entschieden, und Spinoza hat wirklich diesen Weg genommen.¹) — Allein, wir wollen
auch

---

1) Prop. XI. Deus five fubftantia conftans infinitis at-
tributis, quorum unumquodque aeternam et infinitam
effentiam exprimit, neceffario exiftit.

Prop. XII. Nullum fubftantiae attributum poteft
vere concipi, ex quo fequatur, fubftantiam poffe
dividi.

Prop. XIII. Subftantia abfolute infinita eft indi-
vifibilis.

Prop. XIIII. Praeter Deum nulla dari, neque
concipi poteft fubftantia.

Prop. XV. Quidquid eft, in Deo eft, et nihil
fine deo effe, neque concipi poteft.

Prop. XVI. Ex neceffitate divinae naturae infinita
infinitis modis fequi debent.

Prop. XVII. Deus ex folis fuae naturae legibus
et a nemine coactus agit.

Prop. XVIII. Deus eft omnium rerum cauffa
immanens, non vero tranfiens.

auch der Erfahrung näher rücken, und wir dürfen nur das Spiel unsrer Phantasie auf einige Zeit
unterbrechen, um uns zu überzeugen, daß die Vernunft die Dinge nicht anders denken kann, denn als
ein einziges Ganzes. — Wenn irgend etwas durch
wirkliche Abgesondertheit der Theile getrennt wäre,
so müßte zwischen diesen nichts seyn; nichts ist
freylich gar kein Gedanke, allein darin eben liegt
die Kraft des Beweises. Ueberall, wo wir Trennung, Theilung bemerken, selbst in dem Punkte
der Trennung ist doch immer etwas; es ist also
alles im Grunde nur Eines. Etwas leichter wird
uns dieses zu fassen, wenn wir uns überzeugen,
daß der Raum blos eine Scheinidee der Phantasie
ist, welche sie sich bildet, weil sie glaubt, die Körper wegdenken zu können; so sehen wir ein, daß
überall Wesen ist, und daß alles innig zusammenhängt. Höre, wie sich Spinoza selbst darüber
ausdrückt:

„Warum, sagt er, (in der Ethik, der 15.
Prop. des 1. Th. im Schol.) sollte die ausgedehnte
Substanz nicht eine der unendlichen Eigenschaften
der Gottheit seyn? Ihr sagt, weil sie aus Theilen besteht, so kann sie nicht unendlich seyn; wäre
sie unendlich, so denkt euch sie in zwey Theile getheilt; jeder Theil wird entweder endlich, oder

unend-

unenblich seyn; ift jenes, fo nehmt ihr ein Unend.
liches an, bas aus zwey enblichen Theilen zufam.
mengefeßt ift; ift biefes, fo glebt es ein Unenbli.
ches, bas noch einmal fo groß ift, als ein anbres
Unenbliches u. f. w. Allein ihr nehmt an, bie
ausgebehnte Subftanz fey theilbar; biefes ift fie
aber nicht; fie befteht aus gar feinen Theilen, unb
eure wiberfinnigen Folgerungen fließen feinesweges
baraus, baß bas Ausgebehnte unenblich ange.
nommen wirb, fonbern baraus, baß man glaubt,
bas Unenbliche fey meßbar, unb aus enblichen
Theilen zufammengefeßt. Ihr bichtet euch bie un.
enbliche, einzige unb untheilbare förperliche Sub.
ftanz als zufammengefeßt aus enblichen Theilen, als
vielfach unb theilbar, bamit ihr alsbenn erweifen
fönnet, baß fie enblich fey. Si fubftantia corporea,
fährt er fort, ita poffet dividi, ut eius partes
realiter diftinctae effent; cur ergo una pars
non poffet annihilari, manentibus reliquis ut
ante inter fe connexis? Et cur omnes ita apta-
ri debent, ne detur vacuum? Sane rerum,
quae realiter ab invicem diftinctae funt, una
fine alia effe, et in fuo ftatu manere poteft.
Cum igitur vacuum in natura non detur, fed
omnes partes ita concurrere debeant, ne detur vacuum; fequitur hinc etiam, easdem
                                        non

non poſſe realiter diſtingui, hoc eſt, ſubſtantiam corpoream, quatenus ſubſtantia eſt, non
poſſe dividi. Si quis tamen iam quaerat, cur
nos ex natura ita propenſi ſimus ad dividen-
dam quantitatem, ei reſpondeo, quod quan-
titas duobus modis a nobis concipitur, abſtra-
cte ſcilicet, ſive ſuperficialiter, prout nempe
ipſam imaginamur; vel ut ſubſtantia, quod
a ſolo intellectu fit. Si itaque ad quantitatem attendimus, prout in imaginatione eſt,
reperietur finita, diviſibilis et ex partibus con-
flata; ſi autem ad ipſam, prout in intellectu
eſt, attendimus, et eam, quatenus ſubſtantia
eſt, concipimus, quod difficillime fit, tum,
ut iam ſatis demonſtravimus, infinita, unica
et indiviſibilis reperietur. — Materia ubi-
que eadem eſt, nec partes in eadem diſtinguuntur, niſi quatenus materiam diverſimode
affectam eſſe concipimus, unde eius partes
modaliter tantum diſtinguuntur, non autem
realiter. E. g. aquam, quatenus aqua eſt,
dividi concipimus, eiusque partes ab invicem
ſeparari, at non, quatenus ſubſtantia eſt corporea; eatenus enim neque ſeparatur, neque
dividitur. Porro aqua, quatenus aqua, generatur et corrumpitur; at quatenus ſubſtan-

tia,

tia, nec generatur, nec corrumpitur. Will
man aber annehmen, daß Dinge durch Bestimmungen der Zeit gesondert sind, so ist Spinozas Antwort bereit, daß die Zeit selbst nichts ist, als eine
Scheinidee; daß mit der Fähigkeit, alles zugleich
zu denken, das ganze Blendwerk der Aufeinanderfolge wegfallen würde, daß also die Geneigtheit,
Dinge als durch die Zeit gesondert und geordnet
zu denken, nichts ist, als ein Hülfsmittel für We-
sen von begränzter Vorstellkraft, eine Folge des
Gesetzes, das die Fassungskraft unsrer Sinne und
unsres Verstandes an ein gewisses Maas bindet.
So nennen wir, zum Beyspiel, eine Pflanze ein
Individuum, ein Ganzes, und doch ist sie im
Grunde nichts mehr, als ein Theil im strengsten
Sinne des Wortes, nur daß ihr Zusammenhang
mit dem Uebrigen durch Theile geschieht, die unsre
Sinne nicht vernehmen können. Die Theile der
Materie, welche ich, in Beziehung auf meinen
Gesichtskreis Pflanze nenne, sind nur ein Bruch-
stück eines mir zum kleinsten Theil erkennbaren
Ganzen. Hier beginnen nicht etwa neue Reihen,
neue Zusammensetzungen, die das Daseyn und die
Art dieses Dinges zum endlichen Zwecke haben; die
Umrisse der Pflanze sind Zeichnungen meines end-
lichen Sinnes; könn' ich anders sehen, anders
fühlen,

fühlen, so verschwände die Pflanze; ich sähe, fühlte andre Bruchstücke des Ganzen, und diese würde ich dann mit eben dem Rechte Individuen nennen, mit welchem ich die Pflanze also nenne.') —
Was können demnach für sich bestehende materielle
Wesen seyn? Nichts anders, als solche, die in
einem Wesen von begränzter Vorstellung die Idee
eines Ganzen erregen.

Parmenides.

Es ist wahr, dein Raisonnement enthält viel
Wahres; allein es scheint mir doch bey weitem
noch nicht zu beweisen, was es beweisen soll, daß
es nämlich außer der einzigen Substanz keine für
sich bestehenden Dinge gebe. Denn es folgt daraus im Grunde nichts anders, als daß alles,
was wir um uns her anschauen, genau zusammenhängt, daß nirgends eine wahre Lücke und ein
leerer Raum ist. Dieses haben schon viele Philosophen angenommen; aber darum sind sie noch
keine Spinozisten gewesen. Es mag wahr seyn,
daß alle die Abschnitte des Raums und der Zeit,
in welchen uns die Außendinge erscheinen, nur so

J 4   viel

---

1) Die Natur bildet und organisirt nur im Ganzen,
sagt der Verfasser der Abhandlung über das Funda-
ment der Kräfte S. 10.

viel Fächer sind, worin unsre eingeschränkte Vorstellkraft das ganze große All der Dinge zertheilen
muß, um nicht unter der Menge von Ideen zu erliegen, welche von außen auf sie zuströmen, und
Ordnung und Klarheit in ihren Vorstellungen zu
erhalten. Allein, würde sich dieses All der Dinge
auch in diese Abtheilungen und nach den bestimmten Regeln unsers Anschauungsvermögens zerlegen
lassen, wenn in ihnen selbst keine Bestimmungen
und Eigenschaften lägen, die dieses möglich machten, und was können dieses anders für Bestimmungen seyn, als Mehrheit für den Begriff des
Raumes, und Veränderlichkeit für den Begriff
der Zeit? So abhängig also auch immer die
Absonderungen und Trennungen der Dinge von
der wesentlichen Einrichtung der menschlichen Denkkraft und den Gesetzen seyn mögen, nach welchen
sie wirkt, so würden sie doch überall nicht möglich seyn können, wenn nicht mehrere einzelne Dinge außer uns vorhanden wären, und wenn diese
Dinge sich nicht veränderten und einem Wechsel
unterworfen wären. Sind aber mehrere Dinge da,
so müssen sie auch für sich bestehen, und ein abgesondertes Daseyn haben, weil eine wahre Mehrheit
dieses nothwendig voraussetzt. Sehen wir noch
weiter auf die Behauptung Spinozas, daß alle
Dinge

Dinge nur Modifikationen, nur Gedanken der unendlichen Substanz sind, so begreife ich gar nicht, wie ein Gedanke derselben, der doch der Mensch, nach seinem System, nur seyn soll, die übrigen Gedanken der unendlichen Substanz, nämlich die äußern Dinge, sich wieder als getrennt und abgesondert vorstellen, und solche willkührliche Einschnitte in sie machen kann, wenn diese nur ein einziges Ganzes ausmachen. Ueberhaupt können Spinoza und seine Anhänger, meinem Bedünken nach, eigentlich den Ausdruck: ein Ganzes, in seinem gewöhnlichen Sinne gar nicht gebrauchen, denn er zeigt doch nichts anders, als den Inbegriff mehrerer Theile an, und die lassen sie gar nicht gelten, und können sie nicht gelten lassen, wenn sie konsequent seyn wollen. Alle Theilung ist nach ihnen nur scheinbar, und also muß auch das Ganze nur scheinbar seyn, und sie dürfen also wohl von Einem, aber nicht vom Ganzen reden. ¹)

J 5   Xeno-

---

1) Die Ideen, welche Parmenides hier vorträgt, sind Ideen eines Recensenten meiner Abhandlung über Mendelssohns Darstellung des Spinozismus, (im 4. B. der Denkwürdigkeiten aus der philosophischen Welt, vom Hrn. Prof. Eßar.) in der allgemeinen deut-

Xenophanes.

Du sagst, es folge aus meinem Raisonnement nichts weiter, als, daß alles, was wir
um uns her anschauen, genau zusammenhängt,
daß nirgends eine wahre Lücke, ein leerer Raum
ist.

deutschen Bibliothek im LXXXII. B. I. St. S. 122 s 135.
Ich gestehe freymüthig, daß dieser mir unbekannte
scharfsinnige Mann der einzige ist, dessen Einwürfe
gegen jene Abhandlung mich in Verlegenheit gesetzt
haben; und ich danke ihm sehr dafür, daß er mich in
diese Verlegenheit gesetzt hat, welche für meine Um-
arbeitung derselben vielleicht nicht von unwichtigen
Folgen gewesen ist. Dessenungeachtet kann ich meinen Wunsch nicht bergen, daß dieser gegen mich so
wohlwollende Weltweise bey verschiedenen Stellen
nicht den Darsteller und Aufklärer des Systems mit
dem Urheber davon verwechselt haben möchte. Wenn
ich zeige, daß vor Mendelssohns Einwürfen sich Spinoza noch retten kann, so bin ich deshalb nicht von
seinem Systeme überzeugt, nehme deshalb seine Prin-
zipien nicht selbst an. Allein ich gebe zugleich zu,
daß, so wie der Darsteller eines Systemes sich nothwendig oft so tief in dasselbe denken muß, daß er, sich
unbewußt, seine eigne Rolle mit jener des Urhebers
davon verwechselt, auf dieselbe Art es auch dem un-
partheyischesten redlichsten Beurtheiler einer solchen
Darstellung schwer, ja nicht selten unmöglich ist, den
Darsteller von dem Vertheidiger, den Erzähler vom
Anhänger zu unterscheiden.

ist. Allein ich verlange auch gar nicht mehr; wenn nur dieses daraus folgt; so bin ich zufrieden; denn mein Saß ist dann völlig erwiesen. Wenn du zugiebst, (und du mußt es gewiß;) daß alles alles genau zusammenhängt, daß nirgends eine wahre Lücke, nirgends ein leerer Raum ist; nun so ist ja das Weltall nur ein unendliches Individuum; du kannst keinem Theile davon an sich eine eigene Begränzung, keinem die geringste in ihm allein liegende Kraft zugestehn. Betrachtest du einen Theil allein für sich; so mußt du offenbar dich in falschen Beobachtungen und Fehlschlüssen verlieren; denn so wie ein Theil, sobald er vom Ganzen abgerissen, vernichtet würde, so wäre es auch thöricht, einem Theile für sich ein Wesen zuzuschreiben; da vielmehr seine Natur in seinen Beziehungen auf das Ganze liegt, (und du sprichst zuverläßig von einem Undinge, (im eigentlichen Verstande,) wenn du z. B. über das Wesen einer Pflanze aus ihr selbst urtheilst. — Es fehlen aber die Worte um diese innige Verein aller Glieder der Natur, diese Ohnmacht oder vielmehr Annihilation der einzelnen, für sich betrachtet, und diese Allmacht ebenderselben als unabtrennbarer Theile des Alles, auszudrücken. Allen Wörtern und Redensarten, deren man sich dazu bedient,

hän-

hången schon Vorstellungsarten des gemeinen Lebens, der täuschenden Erfahrung an; und man
muß sie mit der äußersten Behutsamkeit entfernen,
um sich nicht in scheinbare Widersprüche zu ver-
wickeln, oder sie bey andern finden zu wollen,
wo sie nicht sind. So hast du ganz Recht, wenn
du sagst, der Ausdruck eines Ganzen im gewöhnlichen Sinne passe nicht für Spinozas System, weil er den Inbegrif mehrerer Theile an-
zeigt. Allein du wirst mir zugestehn, daß der
Ausdruck Eines im gewöhnlichen Sinne eben
so wenig paßt, denn er bezieht sich allezeit
auf ausgeschlossene Vielheit; könntest du nicht
viele denken, so könntest du auch nicht Eines
denken. Was schadet aber dieses der Sache
selbst? Wenn wir nur wissen, was wir denken
sollen, uns über die Begriffe einverstanden haben, und uns von den Sinnen und der Phantasie nicht irre machen lassen, so können wir der
Wahrheit unbeschadet diese Wörter brauchen.
Du sagst ferner: es möge wahr seyn, daß alle
die Abschnitte des Raums und der Zeit, in welchen uns die Aussendinge erscheinen, nur so viel
Fächer sind, worinn unsre eingeschränkte Vorstellungskraft das große All der Dinge zertheilen
muß, um nicht unter der Menge von Ideen zu
erlie-

erliegen, welche von auſſen auf ſie zuſtrömen, und
Ordnung und Klarheit in ihren Vorſtellungen zu erhalten; allein das All der Dinge, behaupteſt du,
würde ſich nicht in dieſe Abtheilungen und die be-
ſtimmten Regeln unſers Anſchauungsvermögens
zerlegen laſſen, wenn in ihnen ſelbſt keine Beſtimmungen lägen, die dieſes möglich machten, Mehrheit
für den Begrif des Raumes und Veränderlichkeit
für den Begrif der Zeit. Die Konſequenz dieſes
Schluſſes will mir nicht ganz einleuchten. Die erſte
Hälfte davon iſt evident: die Begränzungen der
Dinge, ſagſt du, und ihre Veränderungen in der Zeit
mögen nichts als Vorſtellungsarten, Folgen der weſentlichen Eingeſchränktheit unſerer Sinnen und
unſeres Geiſtes ſeyn, unſer Geiſt mag durch ſeine
Natur gezwungen werden, ſich das All der Dinge
theilweiſe vorſtellen zu müſſen; allein es kann hierbey, ſchließeſt du, doch nicht blos auf unſern Geiſt
ankommen; das All der Dinge ſelbſt muß ſo beſchaffen ſeyn, daß der Geiſt die Eindrücke davon
ſo behandeln, daß er ſich die Dinge in gewiſſen
Gränzen vorſtellen könne. Das gebe ich dir
ſehr gern zu; denn, wenn es nach der Natur des
Weltalls nicht möglich wäre, geſchähe es auch
nicht. Allein, wenn du nun von dieſem Satze
gleich auf die Konkluſion kommſt: es muß alſo

in

in den Dingen selbst Mehrheit und Veränderlichkeit seyn; so erlaubst du dir einen Sprung,
dessen Rechtmäßigkeit ich nimmermehr zugestehe.
Das All der Dinge kann es immer möglich machen, daß der Geist sich sie in gewissen räumlichen
Begränzungen und Zeitverhältnissen denke, und in
ihm selbst braucht deßhalb keinesweges Mehrheit
oder Veränderlichkeit Statt zu finden. Stelle dir
es an einem Gleichnisse vor! Wenn das Bild einer großen Landschaft mit einer feinen Decke über-
zogen wäre, in welcher hie und da kleine Oeffnungen dich einzelne Partien sehen ließen; so muß
freylich dies Bild so beschaffen, so gestellt seyn,
daß du durch jene Oeffnungen einzelne Theile sehen kannst; denn sonst würdest du sie nicht sehen.
Du wirst dann, so lange du nicht weißt, daß
diese Stücke nur Theile eines großen Ganzen sind,
welches jene Decke vor deinen Augen verbirgt,
die Stücke für ganze Mahlereyen halten, für
Ausführungen individueller Zwecke. Allein, sobald du bemerkst, daß es nur Fragmente eines
Werkes sind, dessen ganzen Anblick die Decke dir
verbirgt, so wirst du sie auch für nichts mehr als
das halten. — Nimmermehr aber wirst du auf
die Idee gerathen können, daß, weil du wegen
der Oeffnungen der Decke nur gewisse Partien
sahest,

ſageſt, auch im ganzen Gemählde dieſe Partien
beſondre von den Uebrigen unabhängige Bilder
ſind. — Oder wenn du in einem Wagen durch
eine Gegend ſchnell fährſt, und um dich Berge
und Bäume und alles hinſchwindet, ſo kannſt
du daraus wohl ſchließen, daß die Berge und die
Bäume dieſes Phänomen möglich machen mußten; denn ſonſt würde es nicht erfolgt ſeyn; allein keinesweges kannſt du daraus folgern, daß
in den Bergen und Bäumen wirkliche Bewegung
vor ſich gieng.

Du ſagſt endlich: du begreifeſt nicht, wie,
wenn alle Dinge nur Modifikationen, nur Gedanken der unendlichen Subſtanz ſind, ein Gedanke derſelben, (wie der Menſch dieſem Syſteme
nach ſeyn ſolle,) die übrigen Gedanken dieſer unendlichen Subſtanz, nämlich die äußern Dinge
ſich wieder als getrennt und abgeſondert vorſtellen, und ſolche willführliche Einſchnitte in ſie
machen könne, wenn dieſe nur ein einziges Ganzes ausmachen. Auch dies thut Spinozens Sätzen keinen Eintrag. Wir ſtellen uns nach dieſem Weltweiſen die äußeren Dinge nach ihren
Eindrücken auf unſern Körper vor, welche ſich
alle nothwendig in der Idee abſpiegeln müſſen,
als welche mit dem Körper ein und daſſelbe Ding
iſt.

ist. Wenn nun auch gleich jeder Theil mit dem
Ganzen innig zusammenhängt, also unser Körper und seine Idee zu dem ganzen All gehört; so
kann doch nicht der volle Eindruck des Ganzen
auf einen einzigen kleinen Theil fallen, sondern
nur einzelne Momente desselben; sonach kann nur
eine gewisse Seite des Alls auf den Körper wirken, und sich in Idee abspiegeln; es ist also nothwendig, daß der Mensch sich das einige All, als
getrennt in mehrere verschiedene äußere Dinge
denke.

Was willst du Spinoza'n auf alles dieses ein-
wenden?

Parmenides.

Vor der Hand weiß ich nichts, als daß mein
ganzes Wesen sich gegen diese Vorstellungsart
sträubt. Allein gesetzt auch, daß Spinoza und
seine Anhänger sich von dieser Seite durch ein
unauflößbares Gewebe von Spitzfindigkeiten zu
sichern wissen; so haben sie damit noch nicht alles gewonnen.

Ihr sprecht immer und ewig von Weisen der
Ausdehnung und Ideen derselben, und hier werden wir freylich das Substantielle der Dinge nicht
finden. Allein wenn ihr nicht bey den Wirkungen, bey den Ausdrücken der Substanz stehen
bleibt;

bleibt; so müßt ihr, wenn ihr nicht die Augen muthwillig verschließet, auf eine Unendlichkeit von Kräften kommen; denn sonst nähmet ihr Wirkungen ohne zureichenden Grund an. Diese Kräfte nun, deren Daseyn ihr nothwendig anerkennen müßt, bringen nicht nur ganz verschiedene Wirkungen hervor, sondern sie bleiben sich auch alle in der besondern Art ihrer eigenen Wirkungen gleich; diese Kräfte nun enthalten das Substantielle der Dinge, und bestehen, gesondert von einander für sich. Du siehst die magnetischen Erscheinungen; widersinnig würde es wohl seyn, keine Kraft annehmen zu wollen, die sie hervorbringt; du siehst die Phänome der Elektricität, und deine Vernunft zwingt dich das Daseyn einer Kraft anzuerkennen, aus welcher sie hervorgehn. Beyde Kräfte erzielen verschiedene Wirkungen, bleiben sich in ihren besondern Wirkungsarten gleich, sie bestehn also für sich, unabhängig von einander.

Xenophanes.

Es ist wahr, das Wort Kraft ist ein herrlicher Talismann der neuern Philosophie, eine wahre Panazee gegen alle Zweifel in der materiellen und geistigen Welt. Allein wenn wir dieß geheimnißvolle Wort nun näher entwickeln, was

K

drückt

drückt es wohl mehr aus, als die unbestimmte Ursache gewisser unerklärbarer Erscheinungen. Wenn wir lange genug beobachtet haben, und unsre Seele kein Mittel mehr findet, ihre Neugier nach Ursachen zu befriedigen; dann beruhigt sie sich wenigstens, indem sie ein einfaches Wesen dichtet, welches jene Erscheinungen hervorbringen soll, und dieses Kraft nennt. Man gehe alle sogenannte Kräfte der Körper durch, und man wird durch keine einen bestimmten Begrif bekommen. Für unsre Vernunft ist nun freylich die Bildung einer solchen Idee sehr bequem; allein wir müssen sie nur nicht realisiren, ihr nicht eine besondre Substantialität, in objektiver Bedeutung, beylegen.

Sage mir, was giebt dir deine elektrische, was deine magnetische Kraft zu denken, und wenn du denn von keiner sagen kannst, was sie ist, wie willst du behaupten, daß eine unabhängig von der andern für sich bestehe?

Parmenides.

Sieh, wie du jetzt mit deinen ersten Grundsätzen in Widerspruch geräthst. Als es darauf ankam, ein nothwendiges Wesen zu erweisen, und zu zeigen, daß Spinoza von der gewissesten Vernunftidee ausgegangen ist; so war dein Grund-

kein

kein andrer, als: weil wir durch einen innigst in
unsre Natur verwebten Trieb gedrungen sind,
von der Wirkung zur Ursache hinaufzusteigen,
und wir es uns also nicht anders denken können,
als, daß ein nothwendiges Wesen existirt; jetzt
aber willst du gar nicht bemerken, daß wir eben
so berechtigt sind, den so unendlich mannigfaltigen Wirkungen und Veränderungen, die wir in
der materiellen Welt wahrnehmen, auch mannig-
faltige Kräfte zum Grunde zu legen, welche diese
Wirkungen und Veränderungen hervorbringen.
Unsre Kenntnis von diesen einfachen Kräften der
Natur ist zwar sehr unvollständig und einge-
schränkt, indessen wissen wir doch so viel von ihnen, daß sie die Ursachen jener Wirkungen sind,
die wir gewahr werden, daß aus einerley
Kräften und unter einerley Umständen auch einerley Erfolge nach unveränderlichen Gesetzen
fließen, und unsre Vernunft findet wenigstens
nur dann allein Befriedigung, wenn sie auch auf
diese materiellen Erscheinungen das Gesetz der
Kaussalität anwenden kann.   So viele Schwierigkeiten also auch immer übrigens Leibnizens
Theorie der substantiellen Kräfte haben mag, so
kann sie doch von dieser Seite betrachtet, eben so
viele Ansprüche auf Gewißheit machen, wie je-

ner

ner erſte Grundſatz des Spinozißmuß: es giebt
ein nothwendiges Weſen, weil ſie allein die Vernunft bey ihren Nachforſchungen beruhigt, und
ihre ſonſt unauflösliche Fragen beantwortet ¹).

Xenophanes.

Die Fälle ſind ſich doch nicht ganz gleich.
Ein nothwendiges Weſen muß jede Vernunft annehmen, denn ſonſt müßte ſie leugnen, daß etwas iſt; allein, um die unendlich mannigfaltigen Wirkungen und Veränderungen der materiellen Welt zu erklären, müſſen wir nicht ſub-
ſtantielle Kräfte annehmen, welche ſie hervorbringen.   Denn 1) werden ſie dadurch gar nicht
erklärt; der Begrif Kräfte ſagt dem Verſtande
gar nichts mehr, als die unbeſtimmte Setzung
einer Urſache, und das Fürſichbeſtehen derſelben iſt ganz unbegreiflich, wie kann man
alſo ſagen, die mannigfaltigen Wirkungen und
Veränderungen der materiellen Welt werden durch
den Begrif ſubſtantieller Kräfte erklärt? 2) Und
geſetzt auch, ſie könnten es dadurch werden, ſo
giebt es doch andre Erklärungsarten, durch die
es

---

1) Dieſes iſt ebenfalls ein ſcharfſinniger Einwurf des Recenſenten meiner Abhandlung in der allgemeinen deutſchen Bibliothek, im angef. B. S. 127. 128.

es eben so gut möglich ist. Wenn ich mit Spinoza sage: die unendlich mannigfaltigen Erscheinungen der Körperwelt sind nothwendige Folgen
der unendlichen Wirksamkeit der Gottheit, durch sie
und in ihr hervorgebracht, so habe ich doch auf
das allerwenigste eben soviel Aufschluß, als wenn
ich zu dem Begriffe substantieller Kräfte meine Zu-
flucht nehme. Also ist dieser Begrif wohl kein
nothwendiges Bedürfnis der Vernunft, wie jener
eines nothwendigen Daseyns, zumal da er immer die große Frage übrig läßt, wie denn diese
Unendlichkeit für sich bestehender Kräfte zusammen und auf einander wirken kann.

Womit willst du nun noch dem Spinoza die
Getrenntheit, das Fürsichbestehn der Körper beweisen? Ohne alle Parteylichkeit, ich sehe nicht
die geringste Möglichkeit.

Nun zu den Argumenten für die Substantialität der geistigen Wesen!

Wenn in Spinozas Systeme irgendwo eine
wesentliche Lücke ist, so ist sie unstreitig hier.
Von der Körperwelt beweißt er uns umständlich,
daß gar keine wesentliche Trennung in ihr Statt
findet, daß, wenn in der Form derselben eine
unendliche Verschiedenheit herrscht, die Substanz
selbst sich dennoch immer gleich bleibt; bey der

K 3 Gei

Geisterwelt hingegen stellt er den paradoxen Satz auf, daß die Seelen der Geschöpfe keine besondern für sich bestehenden Wesen sind, sondern nur Bestimmungen der unendlichen denkenden Substanz;[1]) verliert aber kein Wort, um das auffallende dieser Meynung zu mildern, kein Wort, um das Phänomen des Individualitäts-Bewußtseyns zu erklären, welches nach seinem Systeme kaum möglich zu seyn scheint.

Es ist nicht wahrscheinlich, daß er diese Schwierigkeit nicht gefühlt, nicht an die Wegräumung derselben gedacht haben sollte. Vorbereitet hat er sie wirklich, und, so wie überhaupt seine Ethik eine vollkommnere Gestalt würde gewonnen haben, wenn er länger gelebt hätte, so würde er auch vermuthlich diese Lücke auszufüllen versucht haben. In einem solchen Falle ist es Pflicht, durch Muthmasungen das

---

1) Spinoza definirte den Geist des Menschen: Secundum leges naturae cogitantis per ideas certo modo determinata cogitatio, quae necessario dari concluditur, vbi corpus humanum existere incipit. S. Ludwig Meyer in der Vorrede zu den Princip. philos. Cartes, welche in Spinozas Namen geschrieben ist, auch Bleyenberghs Brief an Spinoza, in den Oper. Posth. XXXVII. S. 510.

das Unvollständige des Systems zu ergänzen, welches man darstellen will; nur muß man nichts hineintragen, was nicht aus den Grundsätzen desselben hergeleitet werden könnte.

Es ist wahr, so dünkt mich, würde Spinoza gesagt haben, ein klares Bewußtseyn stellt mich mir als ein Individuum, als ein für mich bestehendes Wesen vor, das sich selbst zu den meisten seiner Thätigkeiten bestimmt,[1] so wie alle Thiere bis zu den untersten Stufen des Lebens in einem dunkeln Gefühle dasselbe empfinden. Allein, was diese nicht können, das vermag ich durch meine Vernunft; ich darf mich der täuschenden Gewohnheit entreißen, und wenn ich auch von meinem wahren Zustande jenseits der Erfahrung nichts gewisses einsehen sollte, so lerne ich doch so viel, daß diese Erfahrung, an deren Aussprüche ich von meinem Entstehn an gewöhnt bin, mir meine wahre Natur, meine wahren Umstände

K 4 nicht

[1] Auch Spinoza machte das Bewußtseyn der Individualität zum Hauptcharakter unsrer Seele. Primum, sagt er, quod actuale mentis humanae constituit, nihil aliud est, quam idea rei alicuius singularis actu existentis. Der wahre Sinn, welcher in diesem Satze liegt, wird aus dem folgenden noch klärer erhellen.

nicht vorstellt. Was sagt mir nun eigentlich dieses Ich, das alle meine leidentlichen Zustände sowohl, als meine Selbstthätigkeiten begleitet? An sich, wenn ich von allem dem abstrahire, was ihm fälschlich zugeschrieben wird, nichts. Es ist wahr, ich schreibe diesem Ich alles zu, was in mir vorgeht; ich sage: ich empfinde, ich stelle mir vor, ich denke, ich besinne mich, ich erfinde dieß oder jenes; aber, wenn ich die Wahrheit sagen soll, so thut bey allem diesem das ich gar nichts; die Veränderungen und Thätigkeiten meiner selbst entstehn durch Ursachen, welche völlig außer ihm sind, und um deren Verhältnisse zu ihm es gar nichts weiß. Wenn denn nur das zu meinem Selbst gerechnet werden kann, dessen ich mir bewußt bin, so kann ich im Grunde weiter nichts von mir sagen, als: dieß oder jenes geht in mir vor; kann blos das erzählen, was fremde Kräfte vollbringen, die Vergesellschaftung meiner erworbenen Ideen, das absichtliche Hervorziehen sowohl, als das unwillführliche Zuückkehren derselben, alle Absonderungen, Zusammensetzungen, Beziehungen, und so weiter, geschehen ohne mein Zuthun; ich bin blos Zuschauer von Veränderungen, die in einer gewissen Sphäre vorgehn. Das Ich ist blos das
logi-

logische (von aller objektiven Bedeutung leere)
Subjekt aller Vorstellungen, Gefühle und Bestrebungen; [1]) es entsteht zugleich mit dem Gefühle des Lebens, und, so wie dieses nicht durch
sich selbst gebildet wird, so entstehet auch dasselbe durch die Kräfte außer ihm befindlicher
Dinge. Fragt man aber weiter, warum diese
Vorstellungen immer das Bewußtseyn mit sich
führen, so fragt man nichts weniger als: warum diese Vorstellungen da sind. Bewußtseyn ist
die nothwendige Grundlage! jeder Vorstellung,
jedes Gefühls, jedes Bestrebens. Bewußtseyn ohne Vorstellung oder Gefühl, oder Be-

K 5   stre-

[1]) So drückt sich Kant aus, dem ich einen großen
Theil der Ideen verdanke, mit denen ich diese Lücke in
Spinozas Systeme ausfülle. Man glaube ja nicht, daß
ich dadurch dem Systeme unerschütterliche Festigkeit zu
geben meyne; ich will vor der Hand, blos entwickeln,
wie Spinoza über diese Dinge dachte, will ihn
vor dem Vorwurfe der Inkonsequenz retten, welcher ihn hier leicht treffen dürfte, und zeigen, daß
er durch die Mendelssohnische Behandlung noch
nicht widerlegt ist. Man lese bey diesem Abschnitte
einen der tiefgedachtesten Theile der Kantischen Kritik nach), die Beurtheilung der rationalen Seelenlehre; Elementarl. II. Th. II. Abth. II. B. I. Hauptst.
S. 341. (nach der alten Ausgabe.)

ſtreben iſt nur als allgemeine Idee möglich; Vorſtellung, Gefühl, Beſtreben ohne Bewußtſeyn iſt
gar nicht gedenkbar.

Parmenides.

Eine ganz ſonderbare Idee, die aller Erfahrung widerſpricht. Bewuſtloſe Veränderungen der
Seele kann kein Menſch leugnen, oder er nimmt ſich
ſelbſt den Schlüſſel zu den räthſelhaften Erſcheinungen der menſchlichen Natur;

Xenophanes.

Das geb ich ſehr gern zu, daß die ſogenannten bewuſtloſen Ideen ein treflicher Behelf ſind,
wenn man gewiſſe Erſcheinungen in der menſchlichen Seele nicht erklären kann, doch aber erklärt
zu haben ſcheinen will. In Spinozas Seelenlehre
giebt es keine bewuſtloſen Begriffe, und ich möchte den ſehn, der ihn von ihrem Daſeyn überzeugen
könnte. Bewuſtſeyn liegt nach ihm iedem Begriffe zum Grunde; ſo bald ich etwas begreife,
ſo weiß ich damit ſelbſt, daß ich es begreife, weiß,
daß ich weiß, daß ich es begreife, und weiß wieder, daß ich weiß, daß ich weiß, daß ich es begreife, und ſofort bis ins unendliche. Haec
mentis idea, ſagt er: Ethic L. II. Prop. XXI.
Schol. eodem modo vnita eſt menti, ac ipſa
mens vnita eſt corpori: revera idea mentis,
hoc

hoc eſt, idea ideae nihil aliud eſt, quam for-
ma ideae, quatenus haec vt modus cogitandi,
absque relatione ad obiectum conſideratur,
ſimul ac enim quis aliquid ſcit, eo ipſo ſcit, ſe
id ſcire et ſimul ſcit, ſe ſcire, quod ſcit, et
ſic in infinitum. Und wie kann man ſich auch
wohl Begriffe denken, die nicht begriffen werden, Vorſtellungen, die gar nicht vorgeſtellt
werden; und dahin kommt man doch mit allen
ſogenannten bewußtloſen Ideen hinaus. ¹) In
welchem

---

¹) Dreyerley Urſachen ſcheinen mir die Ausbreitung des
Glaubens an bewußtloſe Ideen befördert zu haben;
denn in der That iſt dieſes eine Art pſychologiſchen
Glaubens.

1) Daß man die Urſachen der Vorſtellung mit der
Vorſtellung ſelbſt vermengt hat. Es können Veränderungen in uns entſtehn, ohne durch Vorſtellungen
bewirkt worden zu ſeyn. Oft werden wir z. B. trau-
rig, ohne die geringſte Urſache davon zu wiſſen, alle
Gegenſtände erſcheinen uns von einer unangenehmen
Seite, wir hatten uns ſchlechterdings nichts vorgeſtellt,
was uns in dieſe Stimmung hätte verſetzen können,
woher ſie alſo? Ihr hattet euch wohl etwas vorgeſtellt, antwortet man uns, aber dunkel, bewußtlos;
eure jetzige Laune iſt nichts als die Folge ſolcher Vorſtellungen, welche auf euch wirkten, auch bevor ſie
noch zu eurem klaren Bewußtſeyn gelangten. Allein
wie in aller Welt kann mich eine Thätigkeit modifi-
ciren

welchem Zustande wir nun den Menschen betrachten, so ist er immer mit einer Empfindung, einer
Vorstellung, einem Bestreben beschäftigt, oder vielmehr,

ciren, bevor ich sie beginne, eine Vorstellung wirken,
ehe sie vorgestellt wird, ehe sie das ist, was sie ist.
Allein

2) Man denkt sich Vorstellungen als todte Bilder;
ein Fehler, an welchem fast alle Theile der Seelenlehre laboriren. Denke man sich sie, wie man sie
denken muß, als rege Aktus des geistigen Wesens, als
Momente des Spiels seiner thätigen Kraft, und der
ganze Schein der Bewußtlosigkeit verschwindet; das
todte Bild bekommt Leben und Bewegung, die Idee
wird Idee, thätige Anschauung einer handelnden Kraft:
„Man muß sich das Vorstellungsvermögen nicht als
eine blos leidende spiegelartige Fähigkeit gedenken,
bey welcher die Seele sich nur müßig verhält, und die
Eindrücke, die ihr von innern oder äußern Gegenständen zugeschickt werden, annimmt, ohne dabey
sich selbst zur Thätigkeit zu bestimmen;" sagt Herz
über den Schwindel, S. 3, und Spinoza selbst
drückt sich sehr treffend darüber aus, wenn er sagt:
Nemo, qui veram habet ideam, ignorat veram ideam
summam certitudinem inuoluere, veram numque
habere ideam, nihil aliud significat, quam, perfecte,
siue optime rem cognoscere; nec sane aliquis de
hac re dubitare potest, nisi putet, ideam *quid mutum
instar picturae in tabula*, et non modum cogitandi
esse, nempe ipsum: *intelligere.* Eth. P. II. Prop. XLIII.
Schol.

3) Man

mehr, er ist selbst eine Empfindung, eine Vorstellung, ein Bestreben.

Parmenides.

Ein ziemlich großer Unterschied. Das Denkende und das Gedachte, der Denker und der Gedanke sind doch wohl nicht eins; sie differiren, wie Ursache und Wirkung. Wie kann Spinoza sagen, der Mensch sey in iedem Augenblicke seiner Existenz selbst eine Idee oder Empfindung, oder Bestreben.

Xenophanes.

Paradox scheint der Satz, wie so viele andre in Spinoza; allein er scheint es auch nur, weil

er

---

3) Man verwechselt die Errinnerung mit dem Bewußtseyn selbst. Es giebt keine Vorstellungen, Gefühle, Bestrebungen, ohne Bewußtseyn, aber es giebt Vorstellungen, Gefühle, Bestrebungen, deren wir uns nicht errinnern, ob wir uns ihrer gleich im Augenblicke ihres Entstehens und ihrer Dauer, bewußt waren, welche augenblicklich vergehen, ohne eine Spur hinter sich zu lassen. Während wir schlafen z. B. geht in uns eine wechselnde Reyhe von Bestrebungen und Gefühlen vorüber, deren wir uns auch, eines jeden in dem Momente seiner regen Dauer in uns, bewußt sind, allein es fehlt uns die Errinnerung der einzelnen derselben, nichts bleibt zurück, als ein allgemeines Gefühl von Erquickung oder Ermattung. Nicht anders ist es im Zustande der Ohnmacht.

er die Sache darstellt, wie sie ist, nicht, wie sie
scheint. — Ihr behauptet: das Wesen des Geistes besteht in der Denkkraft. Spinoza sagt: Wenn
ich euch auch den Begrif einer Kraft zugebe, so
kann ich doch diese Kraft nicht euer Wesen nennen. Weder steht ihre Thätigkeit in eurer Willkühr, noch kennt ihr sie auch wirklich. Die Kraft
bringt erst euer Ich hervor; und dann erst, wenn
dieses sich aus derselben entwickelt hat, könnt ihr
sagen: wir sind, das sind wir; denn mit dem
Selbstgefühle beginnt erst euer Daseyn und euer
Wesen. Wenn ihr nun um den Begrif eurer Natur gefragt werdet, so könnt ihr ihn nicht anders
bilden, als indem ihr beobachtet, was in euer
Selbstgefühl eindringt; in welchen Verhältnissen
ihr euch nun auch befindet, so schaut ihr entweder etwas an, oder ihr fühlt Schmerz und Vergnügen, oder ihr begehrt, oder verabscheut, in
dieser Thätigkeit ist eine Veränderung eures Ichs,
eine gewisse Art euch selbst zu fühlen.¹) Ob ihr
nun sagt, ich bin jtzt so oder so modifizirt, oder

ich

_____

1) Jener Blindgebohrne welcher sein Gesicht wieder bekam, nannte ein neues Object, welches man ihm
zeigte eine neue Art zu fühlen. Der Blindgebohrne
war hier ein gründlicherer Psycholog als die geübte-
sten Seher.

ich bin diese Vorstellung, oder Gefühl oder Bestreben, das ist völlig einerley; die Idee: ich bin
ist nichts anders als die: ich fühle mich auf eine
gewisse Art, und diese ist im Grunde nichts als:
ich bin jetzt diese oder jene Vorstellung, Gefühl
oder Bestreben. Doch nein: nicht ich bin, müssen wir sagen, sondern ich war eben eine Vorstellung u. s. w.; denn der Mensch kann jedes Mo-
ment seines Zustandes erst dann beobachten, wenn
es vorüber geschwunden ist; in sich und außer sich
kann er immer nur sagen: das war, nie: das ist.
Wenn wir eine Vorstellung, (oder Empfindung,
Bestreben,) als von uns gesondert, als einen Gegenstand ansehn, wenn wir das Denkende und
das Gedachte (Fühlende oder Gefühlte, Be-
gehrende oder Begehrte) unterscheiden, dann
hat dieser Zustand selbst (des wirklichen Vorstellens) in uns, als Aktus, schon aufgehört, und es ist
schon ein neuer da, nämlich der Zustand des Vorstellens jenes Zustandes des Vorstellens, und
wenn wir diesen Zustand nun wieder, als Gegenstand betrachten, dann ist auch er schon wieder ver-
schwunden, und ein neuer angegangen, und so
fort bis ins unendliche. ')

Par-

---

1) Der Mensch wird alles selbst, was er empfindet, sagen mehrere Psychologen, er neigt sich zu der Blume
die

Parmenides.

Das ist eine Analyse, bey der mir schwin-
delnd wird, von der ich auch gestehe, daß ich
sie nicht ganz penetrire.

Xenophanes.

Es hat mir auch lange Zeit und viele Anstren-
gung gekostet, ehe ich diese Ideen Spinozas fassen
konnte. Deutlicher kann ich sie unmöglich machen; sie werden dir nach und nach von selbst
einleuchten, wenn du den menschlichen Geist in
seinen Zuständen scharf und unbefangen beobach-
test. Ich sage unbefangen; denn um den Menschen in seiner wahren Gestalt zu sehn, mußt du
dich aus dem Blendwerke psychologischer Defi-
niti-

die er mit Wohlgefallen betrachtet, und erhebt sich
zu dem Felsengipfel, der ihm von einer schwindelnden
Höhe herabdroht; überhaupt wird er nur dadurch der
Erkenntniß von außer ihm befindlichen Wesen, und
des Mitgefühls ihrer Zustände fähig, daß er, auf einige Zeit das selbst wird, was er sich vorstellt. „Wenn
wir die Realisirung der Erscheinungen wegnehmen,
auf der dieses Raisonnement beruht; so erhalten wir
statt einer cirkelförmigen Beobachtung einen wahren
Satz, daß der Mensch in jedem Momente seines Daseyns eine Vorstellung, Empfindung, Bestreben und
in seinem gesammten Daseyn eine Reihe solcher Zustände ist.

nitionen herausreißen, welche insgesammt nichts
sind als Zauberkreiße, die uns immer an denselben Punkt fesseln. — So viel stehst du indessen
wohl, daß Spinoza Grund hat, zu sagen; das
Wesen, welches wir Mensch nennen, sey seiner
wahren Natur nach, nichts anderes, als eine Reihe
von Vorstellungen. [1])

Parmenides.

Allein, wenn man nun dem Spinoza auch
alles dieses zugäbe, so ist er doch gegenseitig auch
verbunden, zuzugestehn; daß diesen Reihen
von Vorstellungen besondere für sich bestehende
Kräfte zum Grunde liegen müssen, in denen
die wahre Substantialität der denkenden Wesen
besteht.

Xenophanes.

Spinoza ist eben so wenig hier genöthigt, substantielle Kräfte anzunehmen, als bey der Körperwelt. Was ihr Kräfte nennt, sagt er: sind
nichts

---

[1]) Empfindnisse, Begierden und Verabscheuungen rechnet Spinoza zu den Vorstellungen. Der Grund dieser seiner Reduktion erhellt, dünkt mich, hinlänglich
aus dem, was seither von seiner Psychologie vorge-
tragen worden ist.

nichts, als Geschöpfe eures absondernden Verstandes, blos metaphysische Wesen ohne Realität. Keine Erfahrung hat euch von einem Dinge dieser Art unterrichtet, und, wenn euch euer Verstand nöthigte, für die Reihen von Vorstellungen, die das ausmachen, was wir Seelen nennen, gewisse substantielle Kräfte anzunehmen, aus denen sie sich entwickeln; so nöthigt mich der meinige mit weit mehrerem Grunde, nichts mehr anzunehmen, als daß Vorstellung auf Vorstellung folgt bin ins Unendliche.[1] [2]

Der

1) Spinoza Eth. P. II. Prop. XLVIII. Schol. Facultates intelligendi, cupiendi, amandi ætc. vel prorsus fictitiae sunt, vel nihil praeter entia metaphysica, siue vniuersalia, quae ex particularibus formare solemus; adeo vt intellectus et voluntas ad hanc et illam ideam vel ad hanc et illam volitionem eodem modo sese habeant, ac lapideitas ad hunc et illum lapidem, vel vt homo ad Petrum et Paulum. S. auch das Schol. der letzten Proposition dieses Theiles.

2) Ich habe diesen ganzen Abschnitt von den Grundsätzen Spinozas im Betreff der Seele, so viel als möglich, noch deutlicher zu machen gesucht, als ich es in meiner genannten Abhandlung über M. D. b. Sp. gethan hatte. Und es bedarf auch nur eines hohen Grades von Verdeutlichung derselben, um zu zeigen, daß Mendelssohns Einwürfe den Spinozismus nicht

im

Der gesammte Innbegrif aller dieſer Modifikationen des Denkens nun, aller dieſer Arten
L 2 des

im mindeſten ſchwächen; neue Verſtärkungsgründe
hinzuzufügen, habe ich weder Beruf noch Luſt. Durch
dieſe mehrere Aufklärung der pſychologiſchen Princi-
pien Spinozas glaube ich auch zugleich auf die Einwürfe des Recenſenten jener Abhandlung in der allgemeinen deutſchen Bibliothek hinlänglich geantwor-
zu haben. „Wann ich ſelbſt, ſagt dieſer ſcharfſin-
nige Mann, im angef. B. S. 128.) nichts anders
bin, als eine Beſtimmung, ein Gedanke einer
höhern denkenden Subſtanz, wie kann ich mich
für eine eigene von allen andern mich umgeben-
den Dingen unterſchiedene Kraft halten?“ Ich
kann dieſes nur ſo lange, antwortet Spinoza, als ich
mich für frey und unabhängig halte, ſobald ich meine
Verbindung mit dem All einſehe, hört die Täuſchung
auf. — Wie kann, dürfte ich nach meinem obigen
Beyſpiele fragen: der Betrachter des überzogenen
Gemählds die durch die Oeffnungen der Decke ihm
erſcheinenden Partien für beſondre Stücke halten?
Weil er ihren Zuſammenhang mit dem Ganzen nicht
einſieht; geſchieht dieß, ſo hält er ſie auch nur für
abgebrochene Stücke. — „Wie kann, fährt er fort,
eine Vorſtellung wieder andre Vorſtellungen wirken, und alle dieſe Wirkungen auf ſich ſelbſt, als
auf ein einziges Subjekt beziehen? Wie iſt Erinnerung und das Gefühl der Perſonalität ohne
Einheit der Kraft möglich?“ Eine Vorſtellung kann
nicht

des Bewußtseyns, macht die unendliche denkende
Substanz nach Spinza aus. Wenn es demnach
die

nicht nur nach Spinoza andre Vorstellungen bewirken,
sondern sie muß es nothwendig. Ferner: der Theil
der Materie, welcher meinen Körper ausmacht, bleibt
trotz Wechsel und Verwandlung derselbe, die Bestimmungen desselben, die vormals Ideen verursacht hatten, lassen Spuren zurück, wenn diese erneuert werden, muß auch nothwendig wieder dieselbe Idee erfolgen.*) Dringt man aber weiter in Spinoza, und
fordert von ihm, die Möglichkeit des Erinnerns ganz
zu erklären; so hat er ja das Recht, dasselbe an seine
Gegner zu thun; und keiner derselben wird dieses Ge-
heimniß enträtseln. Gefühl der Personalität, Einheit der Kraft erklären es schlechterdings nicht; was
hilft es uns immer auf unser Fürsichbestehn, auf unsre substantielle Kraft zu provoziren, da wir nicht im
geringsten angeben können, wie wir es machen, wenn
wir uns einer Idee erinnern Was wollen wir dem
Spinoza antworten, wenn er uns fragt, was wir denn
eigentlich selbst willkührlich thun, wenn wir uns auf
etwas besinnen? Kein Mensch kann die Art und
Weise entwickeln, wie dieses geschicht; und doch müßten wir dieses können, wenn es das Werk unsrer Willkühr;

*) Ueber das Gedächtniß und die Erinnerung han-
delt Spinoza ausführlich in 2. Th. der Ethik, Prop.
XVII. Demonstr. Coroll. Demonstr. Schol. Prop.
XVIII. Demonstr. Schol.

die Gränzen des Bewußtseyns sind, die den Gemeinsinn vermögen, mich als ein für sich bestehen-

L 3   des

rühr, für sich bestehende und wirkende Kraft wäre.
— Wir alle müssen demnach auf Naturgesetz provo-
ziren, welches ohne unser Zuthun wirkt, warum soll
Spinozen gerade dieß nicht frey stehn? —

„Ob die Veränderungen in unsrer Seele, fährt
er fort S. 129. durch äußere Ursachen und Ver-
anlassungen sind bewirkt worden, oder nicht,
das ändert in der Sache selbst gar nichts. Genug, sie sind jetzt in uns, wir fühlen, daß wir
sie durch eine eigene Kraft in uns hervorgebracht
haben, daß sie alle in einem und demselben Sub-
jekte sind, und daß dasjenige, was jetzt in uns
denkt, empfindet und handelt, noch eben dasselbe
Wesen ist, welches seit dem ersten Anfange unsres
Bewußtseyns in uns dachte, empfand und han-
delte. Dieses Wesen kann also unmöglich selbst
wieder ein Gedanke, oder eine Empfindung seyn,
sondern es muß wesentlich von seinen Wirkungen
verschieden, das heißt, eine Denk- und Vorstellkraft seyn, und folglich ist auch die Idee von dem
Ich nicht so ganz leer und ohne Bedeutung, wie
sie der Verfasser ausgeben will. Nichts, wird hier
Spinoza antworten, bringen wir durch eigne Kraft
hervor, man widerlege meine Gründe, ehe man auf
den entgegengesetzten Satz baut. Selbstbewußtseyn,
Gefühl der Personalität ist nach meinem Systeme
nicht nur erklärbar, es ist nothwendig das, was un-

ser

des Wesen, als ein Individuum anzusehn; so
sind es hinwiederum eben diese Gränzen, die es
mei-

ser Wesen ausmacht, woraus unser Selbstgefühl sich
entwickelt; ist nicht blos ein Gedanke, oder eine Empfindung: es ist eine bestimmte Weise der Ausdehnung,
ein Theil der Materie, unzertrennlich mit Gedanke und also nothwendig mit Selbstgefühl verbunden.
Allein mit allem diesem ist noch kein Fürsichbestehn,
keine Substantialität der Geschöpfe bewießen.

(S. 130.) „Was soll man sich doch eigentlich
dabey denken: wir sind bloß Zuschauer von Veränderungen, die in einer gewissen Sphäre vorgehn, das
ich ist blos das logische Subjekt aller Vorstellungen
u. s. w. Mit welchem Rechte kann man doch die
Seele, oder das Denkende in uns einen Zuschauer
nennen, da sie alle ihre Operationen mit selbst-
thätiger eigener Kraft wirkt, da alle ihre Veränderungen innigst in ihr Wesen verwebt sind, und
genauere psychologische Beobachtungen uns lehren, daß keine einzige, auch noch so unmerkliche
und schwache Vorstellung verlohren geht, kein
einziger Eindruck, welcher auf sie einmahl gemacht worden, gänzlich verlöscht, sondern sich
mit zu der großen Masse ihrer Ideen gesellet, welche
jedesmal ihrer wirksamen Kräft die Richtung geben? Das Denkende kann ja unmöglich von den
Gedanken unterschieden seyn, und gleichsam auf-
ser denselben existiren, sondern diese machen ja
mit ihm nur Eines aus, und sind nichts anders
als

meiner Vernunft unmöglich machen, mich für
etwas mehr, als einen Theil eines allgemeinen
unendlichen Bewußtseyns zu halten.

L 4   Was

als deſſen verſchiedene Beſtimmungen und Arten,
wie ſich ſeine Thätigkeit äuſſert. Aber dieſes Denkende ſoll ſelbſt nur ein logiſches Subjekt aller
Vorſtellungen ſeyn. Dieſer Ausdruck kann nichts
anders ſagen wollen, als ein ſcheinbares täu-
ſchendes Subjekt, und dann ſetzt es nothwendig
wieder ein andres reelles Subjekt voraus, dem
es ſo erſcheint. Wollen wir alſo den Schein nicht
bis ins Unendliche ausdehnen, ſo müſſen wir
doch endlich einmal bey einem vollſtändigen reel-
len Subjekt ſtehen bleiben, und warum wollen
wir uns denn noch erſt einen ſo groſſen Umweg
machen, und nicht lieber gleich dieß logiſche Subjekt, welches allen unſern Vorſtellungen zum
Grunde liegt, für jenes Reelle ſelbſt halten, welches
wir doch durchaus anzunehmen gezwungen ſind.
„1) In welchem Sinne der Spinoziſt das Ich blos
einen Zuſchauer nennt, mit welchen Gründen er erweißt, daß es nichts für ſich, nichts nach Willkühr
wirkt, das erhellet aus meinem Einleitungsgeſpräche
(von der 1. S. an.) 2) Daß das Gedächtniß und ſein
Einfluß auf die Art zu denken, zu empfinden, zu begehren und zu verabſcheuen, nach Spinozas Syſteme
nicht mehr und nicht weniger erklärt wird, als nach
jedem andern, habe ich eben erwieſen. 3) Ein logiſches

Was von den Seelen der Menschen gilt, gilt
auch von den Seelen der Thiere, ja von den
See-

sches Subjekt heißt keinesweges ein täuschendes Subjekt, sondern ein Begrif, welcher keinen objektiven
Gehalt hat, welcher von der Natur des Dinges, auf
welches er hindeutet, nichts aussagt. Nun ist das
ich ein solcher Begrif; es bezieht sich auf einen Gegenstand, aber es erklärt nichts von seiner Natur;
man kann also auch aus ihm keinen Beweiß für die
Substantialität der Seele nehmen.

„Aber was ist es denn (S. 131.) was diese Reihen von Vorstellungen verknüpft, welche den Menschen ausmachen sollen? Was giebt ihnen den Zusammenhang, die Ordnung und Einheit, die wir
unter ihnen wahrnehmen? Warum hängen sie sich
gerade in so regelmäßiger Verbindung an einander, und folgen sich nach so unveränderlichen
Gesetzen? Läßt sich dieß wohl auf irgend eine ver-
vernünftige Art einsehn, wenn kein einfaches Subjekt da wäre, welches alle diese zerstreuten Vorstellungen zusammenhielte, und nach bestimmten
Regeln ordnete? Mich dünkt, schon allein diese
Einheit im Mannigfaltigen, diese Regelmäßigkeit
der Zusammensetzung, die wir bey allen oft an-
scheinenden Unordnungen dennoch gewahr werden,
wenn wir genauer den ganzen Gang unsrer Ideen
untersuchen, wäre hinreichend, uns davon zu
überzeugen, daß der Mensch nicht bloß eine Reihe von Vorstellungen seyn kann, sondern, daß allen

Seelen aller, selbst der leblosen Dinge. Denn
nach Spinoza entwickelt sich nothwendig mit jedem werdenden Wesen auch zugleich die Idee desselben. Keine derselben besteht für sich; so wie
die Weisen der Ausdehnung so zusammenhängen,
daß sie nur eines und dasselbe Individuum ausmachen, so hängt auch jede Reihe von Vorstellungen, die wir Seele nennen, mit einer andern
zusammen, diese wieder mit einer andern; und
sofort bis ins Unendliche.

L 5

So

len diesen Reihen von so mannigfaltigen und auf
einanderfolgenden Vorstellungen eine reelle für sich
bestehende und vereinigende Denkkraft zum Grunde liegen müsse." Die Nothwendigkeit hiervon
wird Spinoza'n nicht einleuchten, so lange er aus seinem Systeme alle diese Erscheinungen eben so gut erklären kann, als aus irgend einem andern. Und
wenn er nun fragen sollte: wie bewerkstelligt ihr für
euch bestehende Denkkräfte denn diese Einheit im
Mannigfaltigen, und diese Regelmäßigkeit der Zusammensetzung, die in euren geistigen Wirkungen herrscht?
„Kann man ihm wohl die kleinste Thätigkeit der Seele
erklären? Mit den Wörtern einfach und Kraft ist es
doch nicht allein gethan; man zeige, was die substantiellen Kräfte für sich wirken, das heißt, man zeige,
wie sie, einem selbstgebildeten Endzwecke zufolge, unabhängig von andern, thätig sind, und Spinoza wird
gern seine Meynung gegen diese aufgeben.

So ergänze ich mir Spinozas Ideen über diesen Punkt, und vielleicht dürfte durch diese Darstellung selbst die Einbildungskraft gewissermaßen
mit seiner Lehre versöhnt werden. Freylich wird
dadurch bey Niemand eine Ueberzeugung von derselben bewirkt werden; diese war vielleicht nur
in dem Geiste dessen möglich, welcher dieses
System erbaute, und doch bey ihm auch nur in
denen Stunden möglich, wo er vertieft in seinen
Spekulationen lebte. Aber es erhellet doch daraus die Möglichkeit, wie ein so scharfsinniger
Kopf auf eine Meynung gerathen konnte, die
aller Erfahrung zu widersprechen scheint.

Hat Spinoza nun erwiesen, daß nichts getrennt, nichts wahrhaft gesondert ist, nichts
für sich wirkt, weder in der Körper- noch in der
Geisterwelt; so steht auch sein Satz fest: alles
ist Eines und Eins ist alles; das All der Welt
ist das nothwendige Wesen.¹) Dieses ist der Mit-
punkt

¹) Es ist wahr, die Vernunft geräth bey ihren tranz-
scendentalen Behauptungen, welche das Feld aller
möglichen Erfahrung überspringen, fast allezeit in einen
Widerstreit; das heißt: man kann von zweyen entgegengesetzten Meynungen, scheinbar anschaulich alle
beyde demonstriren, im Grunde aber gar keine. Doch
ist

punkt von Spinozas metaphyſiſchem Syſteme,
und man muß erſt ſeine Gründe widerlegt haben,

um

iſt dieſes bey der Behauptung der Exiſtenz des nothwendigen Weſens gewiß der Fall nicht. Und, ob-
ſchon der tiefſinnige Verfaſſer der Kritik der Vernunft
auch hier eine Antinomie annimmt; ſo würde ſich
dennoch Spinoza aus dieſen herauszuwickeln wiſſen:
„Setzet, ſagt Kant, die Welt ſelber oder in ihr ſey
ein nothwendiges Weſen, ſo würde in der Reihe
ihrer Veränderungen entweder ein Anfang ſeyn,
der unbedingt nothwendig, mithin ohne Urſache
wäre, welches den dynamiſchen Geſetzen der Beſtimmung aller Erſcheinungen in der Zeit wider-
ſtreitet, oder die Reihe ſelbſt wäre ohne Anfang,
und, obgleich in allen ihren Theilen zufällig und
bedingt, im Ganzen dennoch ſchlechthin nothwendig und unbedingt, welches ſich ſelbſt widerſpricht; weil das Daſeyn einer Menge nicht
nothwendig ſeyn kann, wenn kein einziger Theil
derſelben ein für ſich nothwendiges Daſeyn be-
ſitze“ — Daß der erſte Fall unmöglich iſt, erhellt
von ſelbſt; denn ein nothwendiges Weſen muß immer
ſchlechterdings nothwendig geweſen ſeyn; (alle dieſe
Ausdrücke ſind hier blos ſubjektiv zu verſtehn). Es
kann alſo keinen Anfang gehabt haben. Und dieſes
iſt gar nicht widerſinnig; denn das nothwendige Weſen, welches an ſich von allen Verhältniſſen der Zeit
und des Raumes frey iſt, als welche nur in ußrer
Vorſtellungsart beſtehen, kann auf keine Weiſe nach

den

um wie Mendelsſohn ſagen zu können: es laſſen
ſich Weſen denken, die nicht blos als Mo-
difi-

den Bedingungen der Zeit und des Raumes beurtheilt
werden. Alsdenn können in dem nothwendigen Weſen
ſchlechterdings keine Theile angenommen werden; (partes, ſagt Spinoza, Ethic. P. I. Prop. XXII. in quas
ſubſtantia diuideretur, vel naturam ſubſtantiae retinebunt, vel non. Si primum, tum vnaquaeque pars
debebit eſſe infinita et cauſſa ſui et conſtare debebit
ex diuerſo attributo, adeoque ex vna ſubſtantia plures conſtitui poterunt; quod eſt abſurdum. Adde,
quod partes nihil commune cum ſuo toto haberent, et
totum absque ſuis partibus et eſſe et concipi poſſit, quod
abſurdum eſſe nemo dubitare poterit. Si autem ſecundum ponatur, quod ſcilicet partes naturam ſubſtantiae
non retinebunt;ergo cum tota ſubſtantia in aequales partes eſſet diuiſa, naturam ſubſtantiae amitteret et eſſe de-
fineret; quod eſt abſurdum.) und nichts in ihm kann zufällig ſeyn. Den Begrif eines nothwendigen Weſens aus
einer Menge zufälliger oder nothwendiger Dinge zuſam-
menzuſetzen, iſt gleich widerſprechend. Aus vielen zufälligen Dingen wird nur ein nothwendiges, und mehrere
nothwendige Dinge ſind unmöglich.

Setzet dagegen, fährt er fort, es gebe eine ſchlechthin nothwendige Welturſache außer der Welt, ſo
würde dieſelbe als das oberſte Glied in der Reihe
der Urſachen der Weltveränderungen das Daſeyn
der letztern und ihre Reihe zuerſt anfangen. Nun
müßte ſie aber alsdann auch anfangen zu handeln,
und

difikationen eines andern Wesens bestehen,
sondern ihre eigene Bestandheit haben. Der
Widerleger Spinozas würde aber seinen Endzweck
sehr verfehlen, wenn er glaubte: er könne alles
gelten lassen, was Spinoza mit geometrischer Schärfe aus seiner Erklärung der
Substanz herleitet, aber nur von dem selbstständigen Wesen, dem allein Unendlichkeit
der Kraft nach, und nothwendiges unabhängiges Wesen zukommt, keinesweges
aber von denen für sich bestehenden Dingen.
Denn alle Schlüsse, die Spinoza vom Begriffe
des nothwendigen Wesens aus fortkettet, gehn
in der strengsten Bündigkeit zu dem Satze hin,
daß nichts für sich besteht, alles in Gott ist, als
der

und ihre Kaussalität würde in die Zeit, eben darum aber in den Inbegrif der Erscheinungen, d. h.
in die Welt gehören, folglich sie selbst, die Ursache,
nicht außer der Welt seyn, welches der Welt entspricht.‟ Dieß ist Spinozas Argument selbst; mit
diesem gieng er von der gemeinen Meynung ab: Eine
erschaffende Kraft, ein Uebergang des Unendlichen in
das Endliche, ein Beginnen der Zeit ohne Zeit schienen ihm widersinnige Dinge; da er hingegen bey der
entgegengesetzten Meynung nichts widersprechendes annehmen zu müssen glaubte.

der innwohnenden Urſache der Dinge; quid,
quid eſt, in deo eſſe, et nihil ſine deo eſſe,
nec concipi poſſe, deum omnium rerum
cauſſam eſſe immanentem, non autem tranſ-
ientem. Prop. XV. et XVIII. P. I. Ethic.
Mendelsſohn traut alſo ſeiner Bemerkung, daß
Dinge für ſich beſtehen, ohne deßhalb ſelbſtſtän-
dig zu ſeyn, zu viel zu. Ganz ohne Beweiße
hingeworfen, wie ſie iſt, verſchaft ſie vielleicht
nur der Idee jenes Weltweiſen mehrern Eingang.
Er will nicht beweiſen, daß alles Für ſich beſtehende nur eins ſey, ſondern daß gar nichts
für ſich beſtehe; und ſo lange ſeine Gründe nicht
widerlegt ſind, bringt er nicht etwa blos heraus:
daß alles Selbſtſtändige nur Eins iſt, ſondern daß alles, das ſcheinbar Fürſichbeſtehende
mitgerechnet, nur Eins iſt. Er will nicht dar-
thun: daß der geſammte Innbegrif alles Endlichen eine einzige ſelbſtſtändige Subſtanz aus-
mache, ſondern daß gar nichts wirklich endli-
ches iſt; und bevor man dieß nicht widerlegt
hat, erhält er doch etwas mehr, als daß der
Innbegrif der endlichen Dinge von der einzigen
unendlichen Subſtanz abhängen müſſe. Doch mehr
durfte Mendelsſohn nicht zugeben, um mit Spinoza zum Zwecke zu kommen.

Du

Du ſiehſt zugleich, wie der Satz beſchaffen
iſt, von welchem Mendelsſohn bey ſeiner Widerlegung Spinozas ausgeht, und von welchem er
ſagt, daß ihn dieſer Weltweiſe mit ihm gemein
habe: Das nothwendige Weſen denkt ſich
ſelbſt ſchlechterdings nothwendig; denkt die
zufälligen Weſen als auflößbar in unendliche Reyhen, als Weſen, die ihrer Natur nach rückwärts eine Reyhe ohne Anfang
zu ihrem Daſeyn vorausſetzen, und vorwärts eine Reyhe ohne Ende zur Wirklichkeit befördern. Wenn man von ungefähr auf
dieſen Satz ſtieße; ſo könnte man leicht glauben,
es ſey gerade einer von denen, die man dem Spinoza entgegenſtellen, und durch deren Erweiſung
man ſein Syſtem entkräften wolle. Denn er beſteht aus ſolchen Begriffen, die durch Spinozas
Lehre aufgehoben werden ſollen. Es fällt ſogleich
in die Augen, daß das nothwendige Weſen vorgeſtellt wird, wie es ſich im Denken von den zufälligen Weſen unterſcheidet; ¹) wie es ſich dazu-
fälligen

---

1) S. Jakobi S. 15. 129. XI. Dieſer Gott gehört alſo
   nicht zu irgend einer Art der Dinge, und er iſt kein
   abgeſondertes einzelnes verſchiedenes Ding. So kann
   ihm auch keine von den Beſtimmungen zukommen,
   welche

fälligen Dinge und Reihen denkt,[1]) wie es sich
diese Reihen rückwärts und vorwärts denkt, welches alles Vorstellungsarten sind, die durch Spinozas System völlig vernichtet werden sollen.

Par-

welche einzelne Dinge unterscheiden, eben so wenig
ein eigenes besonderes Denken und Bewußtseyn, als
eine besondere Ausdehnung, Figur, Farbe; oder was
sonst genannt werden mag, das nicht bloßer Urstoff,
reine Materie, allgemeine Substanz ist.

2) *Vnum* dicunt significare aliquid reale extra intellectum; verum quidnam hoc enti addat, nesciunt explicare, quod satis ostendit, illos entia rationis cum
ente reali confundere; quo efficiunt, vt id, quod
clare intelligunt, confusum reddant. Nos autem di-
cimus *Vnitatem* a re ipsa nullo modo distingui, vel
enti nihil addere; sed tantum modum cogitandi esse,
quo rem ab aliis separamus, quae ipsi similes sunt,
vel cum ipsa aliquo modo conueniunt. Vnitati vero
opponitur *multitudo*, quae sane rebus etiam nihil ad-
dit, nec aliquid praeter modum cogitandi est, quem-
admodum clare et distincte intelligimus. Nec video,
quid circa rem claram amplius dicendum restat; sed
tantum hic notandum est, Deum, quatenus ab aliis
Entibus eum separamus, posse dici vnum; verum
quatenus concipimus eiusdem naturae plures esse
non posse, vnicum vocari At vero, si rem accuratius examinare vellemus, possemus forte ostendere,
Deum non nisi improprie vnum et vnicum vocari,
sed res non est tanti, immo nullius momenti iis, qui
de rebus, non vero de nominibus sunt solliciti. (Co-

git.

Parmenides.

Ich gestehe es, mein Freund, Mendelssohns Gründen wird Spinoza noch entschlüpfen. Allein ich

git. Metaphys. P. I. c. VI.) — — Quod demonstrationem attinet, quam ego in appendice Geometricarum in Cartesii Principia Demonstrationum stabilio, nempe Deum non, nisi valde improprie, vnum vel vnicum dici posse; respondes, rem solummodo existentiae, non vero essentiae respectu vnam vel vnicam dici: res enim sub numeris, nisi postquam ad commune genus redactae fuerunt, non concipimus. Qui, v. g. sestertium et imperialem manu tenet, de numero binario non cogitabit, nisi hunc sestertium, et imperialem vno, eodemque, nempe numerorum vel monetarum, nomine vocare queat: nam tunc, se duos nummos, vel monetas habere, potest affirmare; quoniam non modo sestertium, *) sed etiam imperialem numeri, vel monetae nomine insignit. Hinc ergo clare patet, nullam rem vnam, aut vnicam appellari, nisi postquam alia res concepta fuit, quae (vt dictum est) cum ea conuenit. Quoniam vero dei existentia ipsius sit essentia, deque eius essentia vniuersalem non possimus formare ideam, certum est, eum, qui Deum vnum vel vnicum nuncupat, nullam de Deo veram habere ideam, vel improprie de eo loqui. (Ep. L. Opp. Posth. p. 557.)

*) Nach Spinoza ist alle Trennung und Theilung, die in der Natur erscheint, nur Folge der Einschränkung unserer

M

ich ahnde schon eine Seite seiner Philosophie, von
welcher man ihn sicherer fassen wird.   Unterdessen bitte ich dich, mir nächstens die Fortsetzung
deiner Kritick der Mendelssohnischen Darstellung
des Spinozismus mitzutheilen. ')

———

Nach dem Versuche, das Fürsichbestehn der
Kreaturen zu erweisen, wirft Mendelsohn die Frage auf: Wie ist Bewegung, wie Mannigfaltigkeit in der Form der Natur, nach seinem Systeme
möglich.   Diese Frage geschah an Spinoza selbst
verschiedene Male; und es ist wahr, daß er in
der Ethik sich darüber nirgends besonders erklärt
hat; er gesteht vielmehr selbst an einem Orte,
daß er seine Gedanken darüber noch nicht ordent-
lich habe entwickeln können. — Ein Ungenann-
ter fragt ihn ausdrücklich: Ep. XIX. S. 595.
Opp.

unserer Sinne und Vorstellungskraft. Aus dem Ge-
sichtspunkte der Substanz betrachtet, existirt weder
Theil, noch Individuum, noch Reyhe. (Siehe den XV.
Brief in den Opp. Posth. S. 439. ingleichen den
XXIX. S. 465.)

¹) Parmenides schweigt von jetzt an, um im zweyten
   Theile desto mehr, und desto lauter zu sprechen.

Opp. Posth. Difficulter concipere queo, qui a priori corporum existentia demonstretur, qui motus et figuras habent, cum in extensione absolute rem considerando nihil tale occurrat. Spinoza antwortet ihm ep. L. XX. 596. weiter nichts, als: ex extensione, vt Cartesius eam concipit, molem scilicet quiescentem, corporum existentiam demonstrare non tantum difficile, vt ais, sed omnino impossibile est. Materia enim quiescens, quantum in se est, in sua quiete perseuerabit, nec ad motum concitabitur, nisi a caussa potentiori externa; et hac de caussa non dubitaui olim affirmare, rerum naturalium principia Cartesiana inutilia esse, ne dicam absurda. In folgendem Briefe geschieht dieselbe Frage an ihn, und in der Antwort auf diese gesteht er selbst, daß er mit dieser Materie noch nicht zu Stande sey. Materia, sagt er, debet necessario explicari per attributum; quod aeternam et infinitam essentiam exprimat. Sed de his forsan aliquando, si vita suppetit, clarius tecum agam; nam hucusque nihil de his ordine disponere mihi licuit. — Allein in welchem der übrigen Systeme wird wohl hiervon Rechenschaft gegeben? Mendelssohn sagt in in der folgenden Vorlesung

selbst:

selbst: welcher Antispinozist oder Theist weiß
von dem Ursprunge der Bewegung besser
Rechenschaft zu geben? Er beruft sich auf
den Willen Gottes, welcher der Materie
die Bewegung mitgetheilt haben soll — und
das Berufen auf den göttlichen Willen ist
am Ende vom Geständnisse seiner Unwissenheit nicht weit entfernt. (Seit. 234. 235.; die
letztern Worte beziehn sich auf eine Stelle Spinozas in der Ethik, P. I. Append. pag. 37. caussas
rogare non cessabunt, donec ad dei voluntatem, hoc est ignorantiae asylum confugeris.
Was aber die darauf folgenden sagen wollen:
Auch Spinoza läßt alle Bewegung aus etwas ähnlichem, das er Willen nennt, ent-
springen, kann ich nicht einsehn; denn in Spinozas Philosophie findet gar nichts dem Aehnli-
ches Statt, was man Willen nennt; auch kann
ich keine Stelle auffinden, wo er dieses geäußert
habe.)

Indessen wird sich Spinoza mit seinem Begriffe von Materie immer noch besser helfen können, als jeder andre Philosoph mit dem seinigen.
Nach ihm ist sie eine Eigenschaft des nothwendigen unendlichen Wesens, eine gewisse Art, wie
das

das unendliche Wesen dem Denken erscheint. Wenn denn nun in diesem nothwendigen unendlichen Wesen keine ruhende Kraft, sondern alles unaufhörlich wirksam ist, so muß nothwendig diese Art der Erscheinung des unendlichen Wesens unter allen Abwechselungen erscheinen, deren sie fähig ist. Und so kommt seine ganze Erklärung der Bewegung auf seinen Grundsatz hinaus: ex necessitate divinae naturae infinita infinitis modis sequi debent, dei potentia est nihil praeter dei actuosam essentiam.

Eine wichtige hiehergehörige Stelle befindet sich in der Ethic P. I. Prop. XXXII. Coroll. II. Voluntas et intellectus ad dei naturam ita se habent, vt motus et quies, et absolute, vt omnia naturalia, quae a deo ad existendum et operandum certo modo determinari debent. Nam voluntas, vt reliqua omnia, cauffa indiget, a qua ad existendum et operandum certo modo determinetur. Et quamuis ex data voluntate, siue intellectu infinita sequantur; non tamen propterea deus magis dici potest ex libertate voluntatis agere, quam propter ea, quae *ex motu et quiete sequuntur,* (*infinita enim ex his etiam sequuntur,*) dici

M 3 potest

poteſt ex libertate motus et quiétis agere.
Quare voluntas ad Dei naturam non magis.
pertinet, quam reliqua naturalia: ſed ad
ipſam eodem modo ſeſe habet, vt motus et
quies et reliqua omnia, quae oſtendimus ex
neceſſitate diuinae naturae ſequi.

Bewegung und Form der Körper haben alſo
ihren Urſprung in dem Ganzen. So wenig die
ſcheinbaren Theile ein abgeſondertes Daſeyn ha.
ben, ſo wenig haben ſie auch eine beſondre Be.
wegung, eine beſondre Form. Keine Bewegung
kann demnach beginnen oder aufhören, und das,
was wir die Form eines Körpers nennen, iſt nur
ein Bruchſtück von der unendlichen Organiſation
der unendlichen Natur.

Omnia corpora, ſagt er, ab aliis circum-
cinguntur et ab inuicem determinantur ad
exiſtendum et operandum certa ac determinata ratione, ſeruata ſemper in omnibus ſimul, hoc eſt, in toto vniuerſo eadem ratione
motus ad quietem; hinc ſequitur, omne
corpus, quatenus certo modo modificatum
exiſtit, vt partem totius vniuerſi, conſiderari
debere cum ſuo toto conuenire, et cum reliquis cohaerere; et quoniam natura vniuerſi

non

non eſt limitata, ſed abſolute infinita, ideo
ab hac infinitae potentiae natura eius partes
infinitis modis moderantur et infinitas varia-
tiones pati coguntur. Ep. XV. pag. 439.

Einen ähnlichen Mangel glaubt Mendelsſohn
bey der Geiſterwelt in Spinojas Syſteme zu entdecken; Güte und Vollkommenheit, Luſt und Un-
luſt, Schmerz und Vergnügen ſollen nach ſeinen
Grundſätzen unerklärbar ſeyn. Allein, wenn ſie
bey ihm unerklärbar ſind, ſo ſind ſie es mit
eben dem Rechte bey allen denen, welche die verſchiedenen Vermögen der Seele auf ein Grund-
vermögen zurückgeführt haben. Angenehm oder
unangenehm empfinden, begehren, verabſcheu-
en, ſind beym Spinoja Arten des Denkens,
Vorſtellungen; dieſe ſind bald vollſtändig, bald
unvollſtändig, je nachdem wir entweder ganz, oder
nur zum Theil die Urſachen davon bewirken, d. h.
je nachdem ſie ganz oder zum Theil in der Sphäre
unſers Bewußtſeyns liegen. Angenehm oder
unangenehm empfinden, begehren, verabſcheuen, wollen und nicht wollen, ſind im
Grunde nur Arten des Bejahens und Ver-
neinens, welche jeder Begrif, als Begrif,
nothwendig mit ſich führt.

M 4   In

In mente, fagt er Eth. P. II. Prop. XLVIII. nulla eſt abſoluta, ſiue libera voluntas; ſed mens ad hoc vel illud volendum determinatur a cauſſa, quae etiam ab alia determinata eſt, et haec iterum ab alia et ſic in infinitum.

Dem. Mens certus et determinatus modus cogitandi eſt, (per prop. 11. huius) adeoque (per Coroll. 2. prop. 17. p. 1.) ſuarum actionum non poteſt eſſe cauſſa libera, ſiue abſolutam facultatem volendi et nolendi habere non poteſt; ſed ad hoc, vel illud volendum (per prop. 28. pag. 1.) determinari debet a cauſa, quae etiam ab alia determinata eſt, et haec iterum ab alia, etc. Q. E. D.

Schol. Eodem hoc modo demonſtratur, in mente nullam dari facultatem abſolutam intelligendi, cupiendi, amandi, etc. Vnde ſequitur, has et ſimiles facultates, vel prorſus fictitias, vel nihil eſſe, praeter entia Metaphyſica, ſiue vniuerſalia, quae ex particularibus formare ſolemus; adeo vt intellectus, et voluntas ad hanc, et illam ideam, vel ad hanc, et illam volitionem eodem modo ſeſe habeant, ac lapideitas ad hunc, et illum lapidem, vel vt homo ad Petrum ac Paulum. Cauſam autem,

tem, cur homines fc liberos effe putent, explicuimus in Appendice partis primae. Verum antequam vlterius pergam, venit hic notandum, me per voluntatem affirmandi et negandi facultatem, non autem cupiditatem intelligere; facultatem, inquam intelligo, qua mens, quid verum, quidue falfum fit, affirmat vel negat, et non cupiditatem, qua mens res appetit, vel auerfatur. At poftquam demonftrauimus, has facultates notiones effe vniuerfales, quae a fingularibus, ex quibus easdem formamus, non diftinguuntur, inquirendum iam eft, an ipfae volitiones aliquid fint, praeter ipfas rerum ideas. Inquirendum, inquam, eft, an in mente alia affirmatio, et negatio detur praeter illam, quam idea, quatenus idea eft, inuoluit, (qua de re vide fequentem propofitionem; vt et Definitionem 3. huius,) *ne cogitatio in pichuras incidat.* Non enim per ideas imagines, quales in fundo oculi, et, fi placet, in medio cerebro formantur; fed cogitationis conceptus intelligo.

Prop. XLIX. In mente nulla datur volitio, fiue affirmatio, et negatio praeter illam, quam idea, quetenus idea eft, inuoluit.

Dem.

Dem. In mente (per prop. praeced.) nulla datur abſoluta facultas volendi et nolendi; ſed tantum ſingulares volitiones, nempe haec, et illa affirmatio et haec, et illa negatio. Concipiamus itaque ſingularem aliquam volitionem, nempe modum cogitandi, quo mens affirmat, tres angulos trianguli aequales eſſe duobus rectis. Haec affirmatio conceptum, ſiue ideam trianguli inuoluit, hoc eſt, ſine idea trianguli non poteſt concicipi. Idem enim eſt, ſi dicam, quod A conceptum B debeat inuoluere, ac quod A ſine B non poſſet concipi. Deinde haec affirmatio (per Axiom. 3. huius.) non poteſt etiam ſine idea trianguli eſſe. Haec ergo affirmatio ſine idea trianguli nec eſſe, nec concipi poteſt. Porro haec trianguli idea hanc eandem affirmationem inuoluere debet, nempe quod tres eius anguli aequentur duobus rectis. Quare et vice verſa haec trianguli idea, ſine hac affirmatione nec eſſe, nec concipi poteſt, adeoque (per Defin. 2. huius.) haec affirmatio ad eſſentiam ideae trianguli pertinet, nec aliud praeter ipſam eſt. Et quod de hac volitione diximus (quandoquidem eam ad libitum ſumpſimus) dicendum etiam eſt de quacun-

cũnque volitione, nempe, quod praeter
ideam nihil fit. Q. E. D.

Coroll. Voluntas et intellectus vnum et
idem funt.

Dem. Voluntas, et intellectus nihil praeter ipfas fingulares volitiones et ideas funt.
(per prop. 48. huius et eiusdem Schol.) At
fingularis volitio et idea (per Prop. praeced.)
vnum, et idem funt, ergo voluntas et intellectus vnum, et idem funt. Q. E. D.

Allein damit wäre das ganze Wesen der Empfindungen noch nicht erklärt. Was bestimmt den
Menschen gewiſſe Dinge zu verneinen oder zu be-
jahen, wenn sein ganzes Empfindungs und Begehrungsvermögen hierauf hinaus kommt? ——
Der Mensch, antwortet unser Weltweise, iſt
eine bestimmte Weise, durch die sich die
wirksame Macht Gottes ausdrückt; diese
kann in sich nichts enthalten, was jene zerstöhren, ihr Daseyn aufheben könnte, vielmehr muß sie sich wider alles setzen, was
sie von außen her zerstöhren könnte. Der
Mensch hat also, wie jedes Ding, den natürlichen Trieb, in seinem S e y n zu beharren.

Ethic.

Ethic. P. III. Prop. VI. Vnaquaeque res, quantum in se est, in suo esse perseuerare conatur. Res enim singulares modi sunt, quibus dei attributa certo et determinato modo exprimuntur, hoc est, res, quae Dei potentiam, qua deus est et agit, certo et determinato modo exprimunt; neque vlla res aliquid in se habet, a quo possit destrui, siue, quod eius existentiam tollat; sed contra ei omni, quod eiusdem existentiam potest tollere, opponitur; adeoque, quantum potest, et in se est, in suo esse perseuerare conatur.

𝕯𝖎𝖊𝖘𝖊𝖘 𝕭𝖊𝖘𝖙𝖗𝖊𝖇𝖊𝖓 𝖎𝖘𝖙 𝖓𝖎𝖈𝖍𝖙𝖘 𝖆𝖓𝖉𝖊𝖗𝖘, 𝖆𝖑𝖘 𝖉𝖆𝖘 𝖜𝖎𝖗𝖐𝖑𝖎𝖈𝖍𝖊 𝖂𝖊𝖘𝖊𝖓 𝖉𝖊𝖘 𝕯𝖎𝖓𝖌𝖊𝖘 𝖘𝖊𝖑𝖇𝖘𝖙:

Ethic. P. III. Prop. VII. Conatus, quo vnaquaeque res in suo esse perseuerare conatur, nihil est praeter ipsius rei actualem essentiam. Ex data cuiuscunque rei essentia quaedam necessario sequuntur, nec res aliud possunt, quam id, quod ex determinata eorum natura necessario sequitur; quare cuiuscunque rei potentia, siue conatus, quo ipsa vel sola, vel cum aliis quidquam agit, vel agere conatur, hoc est potentia, siue conatus, quo in suo *esse* perseuerare conatur, nihil

hil eſt praeter ipſius rei datam, ſiue actualem eſſentiam,

Ein Affect iſt demnach eine Beſtimmung
des Körpers, wodurch ſein wirkſames Vermögen befördert oder eingeſchränkt wird, und
der Begrif von derſelben. Die Begriffe von
jenen Beſtimmugen befördern oder hindern
die Wirkſamkeit unſers Geiſtes:

Ethic. P. III. Defin. III. Per affectum intelligo corporis affectiones, quibus ipſius
corporis agendi potentia augetur, vel minuitur,
iuuatur vel coercetur, et ſimul harum affectionum ideas. Prop. XI. Quidquid Corporis noſtri agendi potentiam auget vel minuit,
iuuat vel coercet, eiusdem rei idea mentis
noſtrae cogitandi potentiam auget vel minuit,
iuuat vel coercet.

Eine angenehme Empfindung iſt alſo
der Uebergang des Menſchen von geringerer
Vollkommenheit zu größerer, eine unange-
nehme, der Uebergang deſſelben von größerer
Vollkommenheit zu geringerer. Eine Begierde iſt das Weſen des Menſchen ſelbſt,
ſofern es durch eine jede gegebene Beſchaffenheit beſtimmt iſt, etwas zu thun, oder wie

er

er sich anders wo ausdrückt', das Wesen
des Menschen selbst, aus dessen Natur noth⸗
wendig folgt, was zu seiner Erhaltung dient.
Demnach begehrt der Mensch nichts, weil
er es für gut hält, sondern er hält etwas
für gut, weil er es begehrt.

Ethic. p. III. Affectt. Definn. I. II. III.

I. Cupiditas est ipsa hominis essentia,
quatenus ex data quacunque eius affectione
determinata concipitur ad aliquid agendum.

II. Laetitia est hominis transitio a minore
ad maiorem perfectionem.

III. Tristitia est hominis transitio a ma⸗
iore ad minorem perfectionem.

Eth. P. III. Prop. VIIII.

Mens tam quatenus claras, et distinctas,
quam quatenus confusas habet ideas, conatur in suo esse perseuerare indefinita quâdam
duratione, et huius sui conatus est conscia.

Schol. Hic conatus, cum ad mentem
solam refertur, voluntas appellatur; sed cum
ad mentem et corpus simul refertur, voca-
tur appetitus, qui proinde nihil aliud est,
quam ipsa hominis essentia, ex cuius natura
ea, quae ipsius conseruationi inseruiunt, necessario sequuntur; atque adeo homo ad eadem

dem agendum determinatus eſt. Deinde
inter appetitum et cupiditatem nulla eſt differentia, niſi quod cupiditas ad homines ple-
rumque referatur, quatenus ſui appetitus
ſunt conſcii, et propterea ſic definiri poteſt,
nempe: cupiditas eſt appetitus cum eiusdem
conſcientia- Conſtat itaque ex his omnibus,
nihil nos conari, velle, appetere, neque
cupere, quia id bonum eſſe iudicamus; ſed
contra nos propterea, aliquid bonum eſſe
iudicare, quia id conamur, volumus, appe-
timus, atque cupimus.

In wiefern nun das Ganze ſich durch
die ſcheinbaren Theile ausdrückt, in ſofern
gehören ihm alle dieſe Beſtimmungen eigenthümlich zu, keinesweges aber dem Ganzen,
oder den Theilen beſonders für ſich, welches
ſich ohnehin bey geſunder Vernunft nicht
gedenken läßt.

Die Liebe ihrer ſelbſt, ſo wie die Liebe
Gottes, iſt in den Geſchöpfen nichts anders, als ein Theil der unendlichen Liebe,
mit der Gott ſich ſelbſt liebt:

Ethic. P.V. Prop. XXXVI. Mentis amor
intellectualis erga deum eſt ipſe dei amor,
quo deus ſe ipſum amat, non, quatenus in-
finitus

finitus eſt, ſed quatenus per eſſentiam humanae mentis, ſub ſpecie aeternitatis conſi-
deratam, explicari poteſt, hoc eſt mentis
erga deum amor intellectualis pars eſt infi-
niti amoris, quo deus ſe ipſum amat. P. IV.
Prop. IV. Potentia, qua res ſingulares ſuum
eſſe conſeruant, eſt ipſa dei ſiue naturae potentia, non quatenus infinita eſt, ſed quate-
tenus per humanam actualem eſſentiam explicari poteſt.   Potentia itaque hominis,
quatenus per ipſius actualem eſſentiam ex-
plicatur, pars eſt infinitae, Dei, ſeu naturae potentiae, hoc eſt eſſentiae.

Wenn wir uns Spinozas Theorie der Empfindungen und des Willens alſo vorſtellen, ſo
haben wir dadurch allein ſchon ſeine Erklärungen
der Begriffe: gut, bös, vollkommen, un-
vollkommen.

Ausführlich hat er davon gehandelt im Anhange zum Erſten Theile der Ethik, Opp. Poſth.
S. 33. ferner im 4. Th. in der Vorr. und den
Definitionen.   In der 8. Propoſ. befindet ſich
ausdrücklich der Satz: Cognitio boni et mali
nihil aliud eſt, quam laetitiae vel triſtitiae
affectus, quatenus eius ſumus conſcii. —
Dem. Id bonum aut malum vocamus, quod
noſtro

noſtro *eſſe* conſeruando prodeſt vel obeſt,
hoc eſt, quod noſtram agendi potentiam auget vel minuit, iuuat, vel coercet. Quatenus itaque rem aliquam nos laetitia vel tri-
ſtitia afficere percipimus, eandem bonam auc
malam vocamus; atque adeo boni et mali
cognitio nihil aliud eſt, quam laetitiae vel
triſtitiae idea, quae ex ipſo laetitiae vel triſtitiae affectu neceſſario ſequitur. At haec
idea eodem modo vnita eſt affectui, ac
mens vnita eſt corpori, hoc eſt, haec idea
ab ipſo affectu, ſiue ab idea corporis affectio-
nis reuera non diſtinguitur, niſi ſolo conceptu; ergo haec cognitio boni at mali nihil eſt aliud, quam ipſe affectus, quatenus
eiusdem ſumus conſcii.

Kein Theil des Spinoziſtiſchen Syſtems iſt ſo
deutlich auseinandergeſetzt, und mit ſo wichtigen
Gründen unterſtützt, als die Lehre von den Urſachen unſrer Handlungen, und wenn man ſie mit
keinen andern Waffen beſtreiten kann, als mit
denen, die Mendelsſohn hier gebraucht, ſo würde ſie wohl unerſchüttert bleiben.

N   Spi

Spinoza, sagt Moses (S. 224.), hatte in seinem Systeme für das nicht zu sorgen, dessen Daseyn er nicht zugestand; mithin wird ihm Freyheit, Wille und Willkühr, und alles, was davon abhängt, weiter keine Schwierigkeit machen können. Allein hiermit ist gleichwohl im Grunde dem Uebel nicht abgeholfen. Alles, was Spinoza wider Freyheit und Willkühr zu erinnern hat, trift blos das System des vollkommenen Gleichgewichtes, das er allein Freyheit nennet. Er erkennet keine andre Zwanglosigkeit, als die Befreyung von allem Einflusse der Bewegungsgründe und Triebfedern, von aller mitwirkenden Erkenntniß des vorhergesehenen Guten und Bösen; eigentlich dasjenige, was die Deterministen das unvollkommene unentschiedene Gleichgewicht nennen. Da er nun einsah, daß die vorhergesehenen Bewegungsgründe und Triebfedern der freyesten Wahl ihre Bestimmtheit und Unausbleiblichkeit geben, so umfaßte er allen Erfolg unter dem vielschichtigen Worte Nothwendigkeit, und sagte, die Wahl oder Willkühr vernünftiger Wesen sey nothwendig. Hingegen muß Spinoza aller seiner Gründe ungeachtet dasjenige, was die Deterministen Freyheit nennen, gar wohl zugeben, oder er streitet mit ihnen blos in Worten.

ten. Er hat keinen Grund diejenige Freyheit
aufzuheben, die der Erkenntniß des Guten und
Bösen folgt, und von dem vorhergesehenen Besten bestimmt wird. Da er, wenigstens in Absicht auf das Endliche, den Unterschied zwischen
Guten und Bösen, Begehrlichem und nicht Begehrlichem, Lust und Unlust u. s. w. nicht leugnen kann; so muß er auch alles zugeben, was
aus diesen Ideen folgt: mithin auch ihre Mitwirkung auf die Bestimmung des Endlichen, ihren Einfluß auf die Abänderungen des denkenden Wesens. Wenn wir also dem Worte Nothwendigkeit seine Vieldeutigkeit nehmen, wenn wir
den Begrif genauer bestimmen, einen Unterschied
machen zwischen der physischen und sittlichen
Nothwendigkeit, und, wie von uns geschehen, das
Physischnothwendige aus der Erkenntnißquelle,
das Sittlichnothwendige hingegen aus der Billi-
gungsquelle fließen lassen, und wenn uns denn Spinoza diesen Unterschied, der in der Sache selbst liegt,
nicht in Abrede seyn kann; so muß er eingestehn,
daß das Formale des Denkens von den Mate-
rialen desselben zu unterscheiden sey, daß die Eigenschaft zu denken nicht nothwendig die Eigenschaft zu billigen in sich schließen, daß Gutes
und Böses, so wie die Zuneigung zu jenem

N 2   und

und die Abneigung von diesem, eine andre
Quelle haben müssen, als Wahrheit und Un-
wahrheit. «¹)

Laß

1) Mendelssohn nimmt ein besonderes Vermögen an,
welches er das Billigungsvermögen nennt; dieses
ist nach ihm die Quelle von Güte und Vollkommenheit, Lust und Unlust, Schmerz und Vergnügen.

Die Vervielfältigung der Kräfte hat der Psychologie immer mehr geschadet als genützt, und auch hier
sehe ich den Vortheil nicht, den sie dadurch erwarten
könnte. Billigung ohne Begierde ist blos ein Erkennen. Allein kaum wird ein wahres Billigen ohne Begierde Statt finden können, wenn sie auch noch so
schwach emporstreben sollte. Wir betrachten die
Schönheiten der Natur und der Kunst, sagt Moses,
ohne die geringste Regung von Begierde, mit Vergnügen und Wohlgefallen.. Es scheinet vielmehr ein
besonderes Merkmal der Schönheit zu seyn, daß sie
mit ruhigem Wohlgefallen betrachtet wird, daß sie
gefällt, wenn wir sie nicht besitzen, und von dem
Verlangen, sie zu besitzen, auch noch so weit entfernt
sind. Dieses widerspricht, dünkt mich, aller Erfahrung. Man kann schlechterdings keine Schönheit
sehn, ohne, daß die Begierde sich erheben sollte, sie,
wenn auch nicht gleich zu besitzen, dennoch so lange,
als möglich, zu sehen. Freylich wäre es ein Unglück,
wenn alle die, welche schöne Palläste, Gärten, Gegenden sähen, den Entschluß faßten, sie sich zuzueig-
nen, wenn alle Jünglinge beym Anblicke eines schönen Mädchens die lebhafte Begierde fühlten, sie zu
besitzen.

Laß uns sehen, was Spinoza hier erwie-
dern würde, nach den Grundsätzen, welche Moses ohne Wirkung bestritten hat.

Freyheit ist ein Begrif, den die Täuschung
des täglichen Lebens festgesetzt hat, der aber
eben deßwegen so innig in unser Wesen verwebt
ist, daß die schärfste Spekulation uns nicht davon entwöhnen kann; er sagt uns nichts weniger, als ein unbedingtes Vermögen, so oder
anders zu handeln, und jeder Mensch vom Wei-
sesten bis zum Thörichtsten erkennt in seinem handelnden Leben kein andres System, als dieses des
völligen Gleichgewichts (die Fälle des offenbaren
Zwangs weggerechnet). So bald wir hingegen
über den Gang unsrer Veränderungen nachdenken; so entdecken wir, daß alle, selbst die, wo
die Wahl uns am meisten überlassen zu seyn

N 3 schien,

besitzen. Allein, wenn man auch nicht gleich so hab-
süchtig ist, den schönen Gegenstand eigenthümlich
besitzen zu wollen, so wird' man doch die Begierde
fühlen, ihn immer anschauen zu können. Anschauen
der Schönheit ist für den Geist schon eine Art des Be-
sitzes, und das Verlangen, es fortzusetzen, gehört
eben so gewiß zu dem Begehrungsvermögen, als die
Vorstellungen, die es erregten, zu dem Erkenntniß-
vermögen.

schien, von Ursachen abhiengen, die sie nothwendig als Wirkung nach sich zogen, diese wieder von andern, und diese von andern, und
so fort. So bald wir uns lebhaft von der
Wahrheit dieser Geschichte unsrer Handlungen
überzeugen, so müssen wir von der Zeit an einsehen, daß wir uns irrten, wenn wir in irgend
einem Falle uns zu einer von mehrern Handlungen selbst zu bestimmen glaubten, daß jene
Freyheit ein Zustand ist, in den uns nur der
Traum des gemeinen Lebens versetzen kann, dessen Nichtigkeit wir aber sogleich einsehen müssen, so bald uns die Vernunft aus dem Schlafe
aufweckt ¹). Es sind also in Rücksicht auf
die Ursachen unsrer Handlungen nur zwey Systeme möglich: 1) das des *völligen Gleichge-*
wichts;

1) Den Mißbrauch des Wortes, Freyheit, wird niemand in den gewöhnlichen Systemen der Metaphysik
verkennen, eben so wenig als seine natürlichen Folgen, Dunkelheit und Verwirrung. Hätte man das
Wort, Freyheit, ganz weggelassen, und die Frage
schlechthin aufgeworfen: hängen die Ursachen unsrer
Handlungen von uns ab, hängen sie alle oder nur
zum Theil, oder ihrer gar keine von uns ab? so
würde man sich nicht erst durch eine Menge von Spitzfindigkeiten haben durcharbeiten müssen, um die
Wahrheit zu finden.

wichts; an diesem hangen wir alle in unserm täglichen Leben nicht weniger fest, als an dem Wahne, daß wir es mit Körpern außer uns zu thun haben, da wir doch nie etwas mehr, als die Bestimmungen erfahren, die dergleichen Dinge, wenn sie vorhanden sind, in uns hervorbringen. 2) Das der nothwendig bestimmenden Bewegungsgründe; diese mögen nun physisch oder moralisch seyn, wir mögen uns ihrer bewußt oder unbewußt seyn, die Nothwendigkeit ist immer dieselbe. Ob jemand meine Hand mit dem Dolche bewafnet, wider meinen Willen sie in den Busen eines Menschen stößt, oder ob meine eigne Leidenschaft mich zu dieser Handlung fortreißt, ob dieses schneller oder langsamer geschieht, es ist gleich viel; nur bemerke ich in dem einen Falle die Nothwendigkeit sogleich, in den andern nicht, weil ich mir derer nicht von mir abhängenden Ursachen derselben nicht bewußt bin. Die gewöhnlichen Deterministen machen also in der Philosophie eine Gattung von Menschen aus, die der ähnlich ist, welche man in gemeinen Leben Achselträger nennt. Die eine Meinung schämen sie sich anzunehmen, weil sie die Meinung der Kinder so gut als der Männer ist; die andre fürchten sie zu unterschreiben, weil sie

ihre

ihre Ruhe und Glückseligkeit zu zerstöhren scheint.
Sie suchen demnach beyde in einem lächerlichen
Mittelbinge von Wahrheit und Irrthum zu vereinigen.   Man darf indessen den Deterministen
das Verdienst nicht absprechen, daß sie die Ursachen unsrer Handlungen in Rücksicht auf unser
Bewußtseyn derselben, und die Selbstthätigkeit,
die wir dabey anwenden, besonders scharf unterscheiden, daß sie die Grade des Bestimmens der
Ursachen von Willkühr bis zur Nothwendigkeit,
von Nothwendigkeit bis zum Zwange, feiner als
irgend eine Klasse von Psychologen angeben.   Nur
müssen sie nicht behaupten, das durch diese Beobachtungen, die für die Psychologie unschätzbar sind,
das System des Gleichgewichts in gemeinen Leben, und das der nothwendigen Bestimmung
unsrer Handlungen in der Metaphysik entkräftet
wird.   Der Determinist, wenn er bündig ist, muß
auf den Fatalismus gerathen, so wie der ausge-
machteste Fatalist in seinem Denken und Handeln
ein [1]) Indifferentist seyn muß.   So dachte Spinoja

---

1) Ea res libera dicetur, quae ex sola suae naturae necessitate existit, et a se sola ad agendum determinatur; necessaria autem vel potius coacta, quae ab alio
determinatur ad existendum et operandum certa ac
determinata ratione. Ethic. P. I, Defin. VIII. Spinoza

ja über die Freyheit des Menschen. Nur müssen
wir bey der Darstellung seiner Ideen hierüber nicht

N 5   ver-

ne;a bekam schon sehr geläuterte Begriffe über die sogenannte Freyheit des Menschen aus der Schule des
Des Cartes, wiewohl dieser von dem eigentlichen Fatalismus noch weit entfernt war. Die klassische Stelle hierüber ist bey ihm in den Meditat. de prima philosophia IV. pag. 32. wo er sagt: non opus est me
in vtramque partem ferri posse, vt sim liber, sed
contra, quo magis in vnam propendeo, siue, quia
rationem veri et boni in ea euidenter intelligo, siue,
quia Deus intima cogitationis meae ita disponit, tan-
to liberius illam eligo; nec sane diuina gratia nec
naturalis cognitio vnquam imminuunt libertatem,
sed potius augent, corroborant. Indifferentia autem illa, quam experior, cum nulla me ratio in
vnam partem magis quam in alteram impellit, est
infimus gradus libertatis, et nullam in ea perfectionem, sed tantummodo in cogitatione defectum siue
negationem quandam testatur, nam si semper, quid
verum et bonum sit, clare viderem; nunquam de
eo, quod esset iudicandum vel eligendum, delibera-
rem, atque ita, quamuis plane liber, numquam tamen indifferens esse possem. Die Stelle ist um desto
interessanter, da man insgemein das deterministische
System als ein Eigenthum der Leibnizisch-Wolffischen
Schule betrachtet. Von Spinoza gehört besonders
hieher Ethic. P. I. Appendix. P. II. Prop. XLVIII. bis
zu Ende des ganzen Theils.

vergeſſen, 1) daß bey ihm kein beſondres Vermögen des Willens Statt findet, daß alſo. alles,
was wir Begehrungen und Verabſcheuungen nennen, bey ihm Beſtimmungen des Denkens ſind ¹);
2) daß bey ihm nothwendig Gedanke auf Gedanken folgt; kein Gedanke aber in der Ausdehnung
eine Veränderung hervorbringen kann ²).   Eine
Beſtimmung der Ausdehnung folgt nothwendig
auf eine andre Beſtimmung der Ausdehnung, eine
Beſtimmung des Denkens nothwendig auf eine
andre derſelben Eigenſchaft.   In der Reihe der
Gedanken wird Epinoza gar nicht leugnen, daß
auf eine Vorſtellung des Guten, des Angenehmen,
eine andre folgt, aber mit eben der Nothwendigkeit,

---

1) Prop. XLVIII. In mente nulla eſt abſoluta ſeu libera voluntas; ſed mens ad hoc vel illud volendum
   determinatur a cauſſa, quae etiam ab alia determinata eſt, et haec ab alia, et ſic in infinitum. —
   Scholium. — Intellectus et voluntas ad hanc et illam
   volitionem eodem modo ſeſe habent, ac lapideitas ad
   hunc et illum lapidem, vel vt homo ad Petrum et
   Paulum. Prop. XLIX. in mente nulla datur volitio,
   ſiue affirmatio et negatio praeter illam, quam idea,
   quatenus idea eſt, inuoluit etc.

2) Ethic. P. III. Prop. II. Nec corpus mentem ad cogitandum nec mens corpus ad motum neque ad quietem nec ad aliquid aliud determinare poteſt.

keit, mit welcher ein ungehemmtes Pendul seine
Schwingungen fortsetzt. Er leugnet also als Psycholog die Mitwirkung der Erkenntniß des Guten
und Bösen auf die Bestimmung des Endlichen,
auf die Abänderung des denkenden Wesens, gar
nicht; allein er behauptet, sie sey nothwendig,
und nicht von uns abhängig. Was gewinnt
man also wohl durch die Unterscheidung der Nothwendigkeit in physische und moralische beym Spinoza? Gewiß gar nichts, bevor man gezeigt hat,
daß der Grund unsrer Sittlichkeit und des Ver-
hältnisses der Dinge zu derselben von uns selbst
abhängt.

Die letzte Bemerkung Mendelssohns gegen Spinoza ist die, daß er das Unendliche
der Kraft nach nicht von dem Unendlichen
der Ausbreitung nach unterschieden habe, daß er
die intensive Größe mit der extensiven vermenge,
und aus einer unendlichen Menge endlicher Gedanken das unendliche Denken, aus einer unendlichen
Menge endlicher Weisen der Ausdehnung die unendliche Ausdehnung zusammensetze; nun werde
zwar durch die Zusammenhäufung von Dingen derselben Natur ihre Menge und Ausbreitung vermehrt,
die auch bis ins unendliche vermehrt werden könne;

ne; allein die Kraft selbst erhalte dadurch keinen
Zuwachs; Spinoza sey also gezwungen, noch ein
der Kraft nach unendliches Wesen anzunehmen,
von dem jene unendliche Menge abhänge; das,
was nur der Zahl nach unendlich ist, könne nicht
durch sich bestehen; den alle ausgebreitete Dinge
seyn nur Aggregate von vielen Dingen, collective
Wesen; ob sich nun schon dieselbe Ausdehnung in
aller Materie finde; so sey doch das Ausgedehnte
nicht immer dasselbe, sey keine wirkliche Einheit,
sondern eine Wiederhohlung einer und eben derselben Beschaffenheit in den kleinsten Theilen der Materie. Damit nun aber die vielen einzelnen Dinge
ein Ganzes ausmachen, müsse noch ein Wesen daseyn, das sie befasse, und zu einem Ganzen ver-
binde. So scheinbar auch dieser Einwurf ist, so
darf man doch nur wenig mit Spinozas Ideen
bekannt seyn, um zu sehn, daß er auf Begriffen
beruht, die dieser Weltweise gänzlich verwarf.
Nur vermittelst der Phantasie, sagt er, mögen
wir uns die Größe als theilbar, endlich, und
vielfach vorstellen. Wenn wir sie mit dem Verstande denken, so müssen wir sie als unendlich,
untheilbar, und einig annehmen. Indem wir
nun Aufeinanderfolge und Größe nach unsrer
Willführ eintheilen können, wenn wir sie gesondert

dert von der Substanz vorstellen, so entsteht Zeit
und Maaß. Diese können wir größer oder kleiner annehmen, wenn wir die Moden für sich betrachten, und nicht die Ordnung der ganzen Natur; denken wir aber die Substanz selbst, so müſ-
sen wir diese Vorstellungsart vergessen, oder ihren Begrif zerstöhren. An sich hat die Ausdehnung, so wie das Denken keine Theile; nur dann
eignen wir sie ihr zu, wann wir sie betrachten,
wie sie unsern Sinnen und unsrer Phantasie erscheint. Demnach machen die Dinge an sich ein
unendliches Ganzes aus, und es bedarf keines
Wesens, das sie zu einem Ganzen verbindet. ')

Kaum dürfte es noch nöthig seyn, eine Prüfung des Systems anzustellen, welches Mendelssohn in der folgenden Vorlesung aufstellt. Ich
habe gezeigt, daß er den Spinozism gar nicht aus
seinem wahren Gesichtspuncte betrachte, daß er
diesen vielmehr absichtlich verrückt hat, um von
jenem Systeme beliebigen Gebrauch machen zu können; daß alle Anmerkungen, die er dagegen macht,
es nicht treffen, indem sie sich alle auf schiefe
Deutung seiner Begriffe oder Verschweigung der
stärk-

---

1) Ausführlich hat er von diesen Begriffen gehandelt im
XXIX. Briefe pag. 465. Oper. Posthum.

stärksten und wichtigsten Sätze gründen. Die
nothwendige Folge davon ist keine andre, als
die, daß das unter dem Nahmen eines geläuter-
terten Spinozism von ihm vorgestellte System
schlechterdings nicht also genannt werden kann.
Der feinere Spinozist, sagt er, giebt den
Unterschied zwischen Wahrheit und Güte,
Erkenntniß und Billigung zu, und setzt die
Quelle des Formalen, so wie die des Ma-
terialen in die einzige Substanz der Gottheit;
diese Unterschiede sahe Spinoza eben so gut ein;
allein er hatte Gründe, alle diese verschiedenen
geistigen Thätigkeiten für nichts anders, als Bestimmungen des Denkens zu halten, und indem
er es für widersinnig hielt, einen Wechsel, ein
Entstehen in der Gottheit anzunehmen, so gerieth er in die Meinung, sie sey nicht eine vorübergehende, sondern die innwohnende Ursache
aller Erscheinungen selbst. Der feinere Spinozist, sagt er weiter, räumt den Unterschied
zwischen dem Unendlichen der Ausbreitung
und dem der Kraft nach ein, und giebt zu,
daß das nothwendige Wesen nicht in dem
Inbegriff unendlich vieler zufälliger Wesen
bestehen könne, sondern daß es in seiner
Einheit und der Kraft nach unendlich seyn
müsse.

müſſe. Demnach nimmt er an, daß ſich
der göttliche Verſtand alle möglichen zufälli=
gen Dinge nebſt ihren unendlichen Mannig=
faltigkeiten und Veränderungen ſammt ih=
rer Verſchiedenheit und Güte, Schönheit
und Ordnung, auf das allerdeutlichſte und
ausführlichſte vorgeſtellt, und daß er, ver=
möge ſeiner allerhöchſten Billigungskraft der
beſten und vollkommenſten Reihe der Dinge
den Vorzug gegeben habe; allein er ſieht
keinen Grund, warum er ſich und der Welt,
die ihn umgiebt, etwas mehr zuſchreiben
ſollte, als das idealiſche Daſeyn in dem gött=
lichen Verſtande, ſie für etwas mehr halten
ſollte, als für bloße Gedanken Gottes und
Modificationen ſeiner Urkraft. Dieſe Mei=
nung habe ſo viele Gründe für ſich, als irgend
eine haben kann, ſo viel iſt gewiß, man kann
ſie nicht einmal einen geläuterten Spinoziſm nen=
nen. Der wahre Spinoziſt darf Gott auch nicht
von denen idealiſch in ihm exiſtirenden Ideen
trennen, darf kein Unendliches der Kraft nach
annehmen, welches das Unendliche der Ausbrei=
tung nach befaſſe, oder er hört mit der Annahme
dieſer Sätze auf, ein Spinoziſt zu ſeyn. Wie
ſollte er vollends einen Gott annehmen dürfen,
wel=

welcher succeſſiv die möglichen Reihen zufälliger Dinge durchgeht, und nach angeſtellter
Prüfung, und erfolgter Billigung der vollkommenſten den Vorzug giebt, welcher mit
einem Denkorgane, das nur der Geſchwin-
digkeit nach das unſre übertrift, ſonſt ihm völlig gleich iſt, allererſt ſeine Ideen bildet, die
alsdann — ein jüngſt entſtandener Theil der
Gottheit — in ihm fortdauern. Ich brauchte
bey dieſer Meynung gar nicht zu verweilen, allein das Argument, mit welchem Mendelsſohn
den feinern Spinoziſten das Wirklichwerden der
Ideen Gottes beſtreiten läßt, iſt zu ſpitzfindig,
um übergangen zu werden. Wenn, ſagt er,
der Gedanke ein treuer Abdruck des Gedachten iſt, ſo iſt er von dem Objekte ſelbſt
nicht zu unterſcheiden. Mithin iſt in Gott,
als welcher nur höchſt wahre Gedanken
hat, der Gedanke und das Urbild deſſelben
völlig eines. Der Begriff von Wahrheit, nach
dem ſie in der völligen Uebereinſtimmung der Idee
mit dem Ideat beſteht, iſt auf den menſchlichen
Geiſt ſchon nicht anwendbar; denn 1). die Objekte der Ideen werden ihm auf keine Weiſe ſelbſt
gegeben, er kann ſie alſo mit den Ideen nicht
vergleichen, ſondern vergleicht nur immer Ideen
mit

mit Ideen; 2) paßt er gar nicht auf den grö.
ßern Theil unserer Erkenntniß, die wir durch
die Vernunft erlangen. Noch weit weniger
kann man diesen Begrif auf die Gottheit anwen.
den, am allerwenigsten auf ihre Erkenntniß der
Dinge, ehe sie entstunden. Denn die Wahrheit von dieser kann unmöglich darin bestehen,
daß die Gedanken mit Objecten übereinstimmen,
die noch nicht sind. Unterdessen verdient die
Schlußart, deren sich der feinere Spinozist bedienen soll, der Seltenheit wegen aufbewahrt
zu werden: Nehmlich durch einen Begrif
von Wahrheit, der sich auf die Gewißheit
der Existenz von Objekten außer dem Denkenden gründet, erweißt er, daß keine Ob-
jecte außer ihm existiren. Allein, so ungefähr mußte er auch schließen, um leicht widerlegt werden zu können. Mendelssohn wendet
ihm ein, daß die von der Wahrheit vorausge-
setzte Uebereinstimmung zwischen Urbilde und Ab-
bilde sich nicht so weit erstrecke, daß dadurch die
Verschiedenheit ihrer Verhältnisse aufgehoben
werde, daß das Bewußtseyn seiner selbst, verbunden mit völliger Unkunde alles dessen, was
nicht in seinen Denkkreis fällt, das untrügliche
Merkmal ist, das den Menschen als Gegenstand

O   von

von ihm als Vorstellung in Gott, unterscheidet.
Auch dawider dürften sich nicht unwichtige Zweifel erregen lassen; denn die Hinzukunft des Bewußtseyns zu einer Vorstellung Gottes kann unmöglich allein die Schöpfung eines Gegenstan-
des ausmachen; da 1) es viele Wesen ohne Bewußtseyn geben kann; 2) selbst bey denen, die
mit Bewußtseyn begabt sind, ein Objekt da
seyn muß, auf welches es sich bezieht. Allein,
alle diese Untersuchungen gehören nicht in meinen
Plan, sobald ich gezeigt habe, daß Mendelssohns verfeinerter Spinozism gar kein Spinozism ist. Und dieses liegt, glaube ich, am
Tage.

Mendelssohn ist nicht der Einzige, der Spinozas System zu verfeinern gesucht hat.
Einer unsrer treflichsten Philosophen und Dichter Herr Oberkonsistorialrath Herder hat er neuerlich in seinem interessanten Buche: Gott, gethan.
Es ist nicht zu leugnen, daß seine Behandlung
des Spinozism ungleich besser ist, als die Mendelssohnische, und ich freue mich, in verschiedenen

denen Stücken mit diesem geistvollen Manne über-
einzustimmen. So z. B. urtheilt er über Spinozas Definition der Substanz nicht anders, als
ich. „Am Worte Substanz, sagt bey ihm Theophron S. 46., irren Sie sich nicht. Spinoza nahm
es nach seiner reinsten Bedeutung und mußte es
also nehmen, wenn er geometrisch schreiben und einen ersten Begrif zum Grunde legen wollte. Ich
wollte, das diese reine Wortbedeutung in die
Philosophie hätte eingeführt werden können. Im
schärfsten Verstande ist kein Ding der Welt eine
Substanz, weil alles von einander und zuletzt
alles von Gott abhängt, der auf diese Weise
die höchste einzige Substanz ist." — Ferner leugnet auch er, daß Denken die höchste Kraft, daß
Spinozismus Atheismus sey u. a. D. m. S. sein
genanntes Buch, S, 137. 148. Um nicht in den
Verdacht zu kommen, als habe ich Herrn Herder abgeschrieben, ohne ihn zu nennen, setze ich
die Stelle aus einer schon angeführten kleinen
Schrift über den Spinozismus her, welche ich
ein halbes Jahr vor Erscheinung der Herderischen
herausgab: Moses Mendelssohn, so drückte
ich mich damals aus, distinguit id, quod per
se subsistit, ab eo, quod separatim existit; illud statuit esse infinitum et necessarium, hoc

autem

autem pendere poſſe ab alia re, et tamen
exiſtere, vt rem peculiarem, hoc eſt, poſſe
cogitari res, quae non ſint meri alius rei
modi, ſed ipſae perdurent, et ab ipſis mu‑
tentur, et hoc ſenſu finitas etiam et fortui‑
tas res ſubſtantias vocari poſſe. At totum
hoc diſcrimen non niſi fallaci ſpecie nititur.
Nemo enim certis argumentis probabit, res
quasdam eſſe reuera ſeparatas; immo multo
veriſimilius eſt, plerasque res, quae nobis
ſeparatae eſſe videntur, aliis apparere intime
iunctas. Igitur cum de rebus ſeparatis loqui‑
mur, proponimus res, prout apparent ſenſi‑
bus et phantaſiae noſtrae. Hinc autem certa
dividendi ratio duci non poteſt. Poſſunt au‑
tem res ratione exiſtentiae non aliter diſtin‑
gui, niſi quatenus vel neceſſario vel non ne‑
ceſſario exiſtunt. Quod ſi igitur iis ratione
contemplandis inuenerimus, eſſe vnam natu‑
ram neceſſariam et infinitam, ſed praeter
eam alias finitas et fortuitas, iſtam naturam
non poſſumus complecti eodem genere, quo
hanc complectimur, ſique illam ratione exi‑
ſtentiae ſubſtantiam appellamus, excogitan‑
dum eſt aliud nomen, quo ſignificentur res
fortuitae. Totum igitur Syſtema Spinozae
niti‑

nititur notione naturae neceſſariae, hoc eſt dei.
Cum enim iuuenis adhuc imbutus eſſet prae-
ceptis diſciplinae Carteſii; nemo mirari poteſt, tanta auctoritate valuiſſe apud eum illud
argumentum, quod de eius exſiſtentia ex
notione ducitur. Hinc igitur fluxere propo-
ſitiones: *quod ad naturam ſubſtantiae pertineat
exiſtere*, (quae eſt VII. P. I.) *quod idea dei in
cogitatione neceſſario ſequatur ex praedicato cogitationis, quod idea iſta ſit aeterna et neceſſaria, propterea quod cogitatio ipſa neceſſaria
ſit et immutabilis.* (Prop. XXI.) Cum autem
perſuaſus eſſet de veritate notionis naturae
neceſſariae, hoc eſt, de exiſtentia eius, ſponte
ei ſeſe obtulerunt grauiſſimae quaeſtiones:
quae ſit eius indoles, quae natura rerum,
quas fortuitas appellamus, quaenam ratio in-
tercedat hiſce ad illam, an natura neceſſaria creauerit res fortuitas, an hae res eiusdem ſint indolis, atque illa, vnde ſumta
fuerit harum materia, quomodo nunc etiam
ſeruentur et regantur et aliae. Hiſce diffi-
cultatibus impeditus homo, qui in figmentis
ſuperſtitionis (loquor vero ex ipſius mente)
acquieſcere non conſueuerat, ſed omnia ratione et cogitatione expedire ſolebat; facile

inci-

incidebat in eam cogitationem, omnem hanc
rerum vniuerſitatem vnam eſſe neceſſariam
infinitamque naturam, omnesque res, quas
fortuitas appellamus, non niſi modos eius
eſſe, aeque, ac ea ipſa, neceſſarios. Qui
igitur hunc philoſophum inter atheos refe-
runt, ii aut ſcripta eius non legere, aut nouas
rerum notiones ſequuntur. Qui enim omnia
in Deo eſſe contendit, cuiusque vniuerſa
Ethice eo ſpeċtat, vt ſummam felicitatem
hominis in amore dei ſitam eſſe probaret,
eum alio quocunque nomine rcċtius appelles,
quam Athei nomine. Quod miror feciſſe Ia-
cobium, qui hoc ſyſtema caeteris fere omnibus accuratius explicaſſe videtur. Verum
eſt, *Spinozam* tribuiſſe deo nec intelleċtum
nec voluntatem, et negaſſe, eum in vlla re
hominum cauſſa certum conſilium ſecutum
eſſe; hoc autem propterea fecit, quod no-
tionem naturae neceſſariae liberandam cen-
ſeret ab omni humanae naturae contagione.
Nec multum abeſt, quin conſentientes ha-
beat in hoc eos, qui maxime aduerſarii eius
videntur. Cum enim negare non poſſint, nos
mente agitare, non niſi ea, de quibus nondum
nobis conſtat, et appetere ea modo, quibus

care-

mus; eo fefe expediunt, vt deum praedi-
tum effe dicant longe alia facultate cogitandi,
quam nos; qualis autem haec fit, id fe igno-
rare fatentur. Hi igitur vocibus vtuntur,
quae fenfu carent, Spinoza voces *reiecit,*
quibus nulla fubeffet notio. *Et cum dicit*
deum nihil agere commotum confilio quo-
dam; vindicare modo voluit excellentiam
naturae eius. Indignum enim ea ipfi vide-
batur, appetere aliquid, quo careat; igitur
ex neceffitate diuinae naturae infinita infinitis
modis fequi debere ftatuebat (Propof. XVI.
P. I.) *deique omnipotentiam actu ab aeterno*
fuiffe et in aeternum in eadem actualitate ma-
nere Schol. Prop. XVII. Ceteri vero etfi
omnem in diuina natura tollant fucceffionem,
fingunt tamen eam, veluti hominem, deliberare et certo confilio intentam effe. Nihil igitur deliquit Spinoza, nifi, quod notio-
nem diuinae naturae purgare conaretur ab
omnibus noftrae rationis figmentis, et, quas
res ab ea abeffe debere contendiffet, earum
et nomina reiiceret, cum ceteri, rebus fub-
latis, nomina retinerent.

Allein wenn er glaubt, daß der Hauptfehler
von Spinozas Syfteme darinn beftehe, daß er

dem

dem Kartesianischen Dualismus treu geblieben sey,
und demselben durch Einschiebung des Begriffes
substantieller Kräfte abhelfen will, so glaube ich,
daß er im ersten Falle Spinoza'n Unrecht thut,
im zweyten ihm durch eine sehr unsichre Stütze zu
Hülfe kommt. „Sehen sie da, sagt sein Theophron,
den Kartesianischen Irrthum, von dem sich der
Weltweise nicht losmachen konnte, und der die
Hälfte seines Systems verdunkelt. Des Cartes
erklärte die Materie durch Ausdehnung, und man
könnte sie eben so gut durch Zeit erklären; denn
jene wie diese sind äußere Bedingungen ihres Daseyns mit andern, und nach einander. Beyde
werden also auch zwar der nothwendige Maaßstab
für jeden denkenden Geist, der selbst durch Ort
und Zeit beschränkt ist; das Wesen der Materie
aber werden sie nie. Spinoza sträubte sich lange
gegen diese Kartesische Erklärung, wahrscheinlich
weil er in ihr etwas Unklares merkte; er war mit
seines Lehrers schroffer Abtheilung zwischen Materie und Geist nicht zufrieden; was konnte er indessen thun, da ihm ein verbindender Mittelbe-
grif fehlte? Er nahm also leider auch noch in seiner
Ethik die Materie für Ausdehnung, d. i. für Raum,
setzte sie einem ganz ungleichartigen Dinge dem
Gedanken gegenüber, und jetzt war er freylich
auf

auf dem Wege einer dunklen Verwirrung. Denn
was haben Gedanken und Ausdehnung mit einander zu schaffen? und, wie können diese, gerade
nur diese beyden Begriffe die zwo Eigenschaften
werden, dadurch sich unter unendlichen andern Eigenschaften, die insgesammt eine höchste Realität
ausdrücken sollen, der Unendliche offenbart habe?
Was ist in der Ausdehnung für Realität, wenn
Sie solche als endlos d. i. so unbestimmt fortgesetzt,
wie eine immerhin fortwährende Dauer annehmen
wollen? ohne Wesen, ohne wirkende Kräfte ist
nichts in ihr; sie ist nur die Bedingung einer Welt,
eines Nebeneinanderseyns mehrerer Geschöpfe."

. Mich dünkt, man irrt schon sehr, wenn man
glaubt, Des Cartes habe durch den Begrif Ausdehnung das ganze innre Wesen der Materie zu
erschöpfen geglaubt, und Spinoza selbst thut ihm
hierinn Unrecht. Allem Ansehn nach suchte dieser Weltweise blos einen Begrif, der das Ge-
meinsame aller Arten und Theile derselben, für
unsre Vorstellung enthielte: einen Begrif, durch
welchen man sie von den geistigen Wirkungen,
von dem Denken unterscheiden könnte, und zu diesem Behufe fand er keinen schicklichern, als den
der Ausdehnung; auch hat noch kein Weltweiser
einen bessern erdacht. Den Begrif Zeit kann man

D 5   hier

hier schlechterdings nicht annehmen, denn er findet sich blos in der Form des Vorstellens und
Denkens.

Allein wenn man vollends dem Spinoza einen
so unfruchtbaren Begrif von Materie anschuldigt,
so verkennt man seine Grundsätze ganz. Wir wollen ihn selbst hören! Wenn man ihn um die
Ursache der Mannigfaltigkeit der Welt nach Form
und Bewegung fragte, so antwortete er: (Ep.
LXX. Opp. Posth. 596.) Ex extensione, vt
eam Cartesius concipit, *molem* scilicet *quiescen-*
tem, corporum existentiam demonstrare non
tantum difficile, vt ais, sed omnino impossibile est. Materia enim *quiescens*, quantum
in se est, in sua quiete perseuerabit, nec ad
motum concitabitur, nisi a caussa potentiori
externa; et hac de caussa non dubitaui olim
affirmare; rerum naturalium principia Cartesiana inutilia esse, ne dicam absurda. Das
heißt: Wenn man die Materie nach der Erklärung des Des Cartes für eine an sich todte ruhende Masse hält, so kann man sich es nicht denken,
wie diese unendliche Menge von verschiedenen Körpern, die wir um uns her sehen, und diese uner-
meßliche Mannigfaltigkeit von Zuständen in dey-
selben

felben möglich ist. Denn eine Materie, die von
aller Kraft, allem Streben und Wirken leer ist,
wird immer und ewig in dieser todten Ruhe, in
diesem Zustande der Unthätigkeit verharren, wenn
ihr nicht eine Ursache, die außer ihr und mächti-
ger ist als sie, (allein nach Spinoza kann außer
dem nothwendigen Wesen gar nichts seyn;) einen
Stoß giebt, sie wird keiner Veränderung keiner Bewegung fähig seyn; deshalb habe ich behauptet,
daß die Grundsätze des Des Cartes von der Körperwelt unnütz sind, wenn nicht gar widersinnig. — An einer andern Stelle sagt er: Materia a Cartesio male definitur per extensio-
nem, sed necessario debet explicari per attributum, quod aeternam et infinitam essentiam exprimat. (Ep. LXXIII.) Die Materie
ist also nach unserm Weltweisen keineswegs ein
unthätiger Klumpen, nicht ein leeres todtes Be-
hikel, wozu noch Kraft hinzukommen muß, damit es wirke; sie ist unaufhörlich wirksam im
Schaffen, Verwandeln und Erhalten. Er nennt
sie Ausdehnung, nicht als ob er geglaubt hätte,
in diesem Begriffe liege ihr ganzes Wesen; sondern weil dieses der einzige Charakter ist, durch
den man sie von dem Denken hinlänglich unterscheiden kann.

Eben

Eben so sehr verkennt man Spinozas System
wenn man behauptet, er habe Materie und Geist
schroff abgetheilt, habe dem Gedanken ein ganz
ungleichartiges Ding entgegengestellt, die Ausdehnung, und ermangele also des vermittelnden
Begrifs für diese beyden einander zurückstoßenden
Gattungen. Spinoza war schlechterdings nicht
Dualist; Materie und Gedanken waren bey ihm
ein und dasselbe Wesen; so wie das unendliche
Wesen sich in der Ausdehnung auf unendliche
Weise entwickelt und ausdrückt, so verbreitet sich
auch sein Selbstgefühl zugleich und in demselben
Maaße. Darum ist bey Spinoza, wie wir gesehen haben, an vorherbestimmte Harmonie gar
nicht zu denken. Die materielle Substanz ist zu-
gleich die denkende, ein und dasselbe Individuum ').

Ein

---

1) So dachte ich mir Spinozas Meynung schon bey
   meiner Abhandlung über Mendelssohns Darstellung
   des Spinozismus; allein ich hatte mich an verschiedenen Stellen zweydeutig ausgedrückt. Herr Geheime=
   Rath Jakobi hat mich hierauf aufmerksam gemacht,
   und ich führe mit Dank die treffende Bemerkung an,
   die er mir deßhalb mittheilte. „An Dualism, sagt er,
   „ist bey Spinoza kein Gedanke — — Angenommen,
   „daß die Schwere eine wesentliche Eigenschaft der
   „Körper sey, dürfte man darum die Vereinigung der
   „Schwere mit der Ausdehnung Dualism nennen? —
   „Mit

Ein nothwendiges Wesen ist; außer ihm ist
nichts, kann nichts seyn, also sind Materie und
Gedanke Eigenschaften, Theile der Substanz. Das
war Spinozas Ideengang, und nach Festsetzung
dieses Satzes braucht er nun gar keinen Mittelbe-
grif, gar kein Prinzip weiter um die Wirkungen
der Körper und Geister zu erklären. Es ist ein
Wesen, die Gottheit; was da ist, gehört zu ihr,
ist in ihr, sie selbst ist unaufhörlich wirksam,
nichts ruht in ihr, also ist auch die Materie ewig
und thätig. Wozu soll also Theophrons Bemerkung: „Spinozas Zeiten waren die Kindheit der
Naturkunde, ohne welche die Metaphysik Luft-
schlösser baut, oder im Dunkeln tappet. Jemehr
man die Materie der Körper physisch untersuchte,
destomehr entdeckte man auch in ihr wirkende oder
gegenwirkende Kräfte, und verließ die leere Definition der Ausdehnung S. 59. 60.“ Spinozas
Materie

„Mir däucht, der Begrif von Dualism tritt wie ein,
„wo verschiedene Eigenschaften sich in einem Wesen
„ganz durchdringen. Und so verhält es sich nach Spi-
„noza mit der Ausdehnung und dem Denken. Gott
„entwickelt den Begrif seiner selbst auf unendliche
„Weise, indem er seine Materie auf unendliche
„Weise entwickelt. Oder: die Materie entwickelt
„ihr Leben in einer jeden Gestalt in demselben
„Maaß, wie sie ihre Kräfte darinn entwickelt.“

Materie ist ja ganz Wirksamkeit und Leben, da
ist kein Augenblick der Ruhe und der Unthätigkeit.
Daß er er sie Ausdehnung nennt, schadet gar
nichts; er brauchte einen karakteristischen Begrif. —
Wozu ferner die Bemerkungen des Philolaus, S.
64. „Je mehr wir die Materie kennen lernen, desto
mehrere Kräfte entdecken wir in ihr, so daß der
leere Begrif einer todten Ausdehnung bey ihr völlig verschwindet. In wenigen Zeiten, was hat
man in der Luft für zahlreiche verschiedene Kräfte
entdeckt? Was hat die neuere Chymie in allen
Körpern bereits für mancherley Energien der An-
ziehung, Bindung, Auflösung, Zurückstoßung
gefunden? Ehe die magnetische, ehe die elektrische
Kraft entdeckt war; wer hätte sie in'den Körpern
vermuthet? und wie zahllose andre mögen in ihnen
noch unentdeckt schlafen! Es ist Schade, daß
ein denkender Geist, wie Spinoza war, so früh
von unserm Schauplatze hinweg mußte, er konnte
den ungeheuren Fortgang der Wissenschaft, die
auch sein System verschönt hätte, nicht erleben." —
Und was hätten alle jene Entdeckungen in seinem
System verrückt? Gar nichts. Er leugnete ja gar
nicht, daß die Materie unendlich reich an Wirksamkeit sey; das war vielmehr eben der unterschei-
dende Karakter seiner Philosophie über die Körper-
                                                welt,

welt, daß er in ihr nichts todtes, nichts ruhendes annahm. Was für eine Hülfe kann also Philolaus dem
Systeme Spinozas durch Einschiebung des Begriffes der substantiellen Kräfte geben? Es braucht gar
keine; es hat ja die allerstrengste Einheit, weil
es alle Vielheit ausschließt. — Was kann ferner
Spinoza mit dem Worte Kraft machen? es heißt
ja doch weiter nichts, als die Ursache einer gewissen Erscheinung oder einer Menge von Erscheinungen, und Spinoza hat nie geleugnet, daß jedes
Ding seinen zureichenden Grund habe. Von solchen Kräften ist auch seine Welt voll; wenn er auch
diesen Ausdruck nicht gebraucht. — Was ist
endlich von dem Begriffe substantiell zu erwarten,
bevor man Spinoza'n die Möglichkeit des Für-
sichbestehens beweißt? —

Philolaus tadelt den Weltweisen noch wegen
des Begriffes Macht, *potentia*, welchen er auf
die Gottheit anwandte. „Gedanke und Ausdehnung, sagt er, stehen ihm, als zwey unberühr-
bare Dinge entgegen; der Gedanke kann nicht
durch die Ausdehnung, nicht durch den Gedanken
begränzt werden. Da er nun beyde, als Eigenschaften Gottes, eines untheilbaren Wesens annahm, und keine durch die andre zu erklären
wagte; so mußte er ein Drittes annehmen, unter
wel-

welches ſich beyde fügten; und das nannte er
Macht." Philolaus erlaube mir hierauf nur mit
dem 3ten Satze des 2ten Buchs der Ethik zu antworten: Dei potentia nihil eſt, niſi actuoſa
eius eſſentia.

Ende des erſten Bandes.

Verbeſſerungen.

S. 158. Z. 18. 19. in dieſer Thätigkeit l. jede dieſer
Thätigkeiten.

S. 165. Z. 3. für ſich beſtehende und wirkende l. einer
ſ. ſ. beſtehenden und wirkenden ꝛc.

ebendaſ. Z. 29. Setze nach nothwendig, ein ; und auf
der folgenden S. in der 4. Z. nach entwickelt
ein , ſtatt des ;

S. 172. Z. 22. nur l. nie

S. 173. Z. 19. Welt l. Vorausſetzung.

S. 176. Streiche die 1) bey Vnum weg; (dieſer Satz
gehört zur vorigen Note.) und beziehe die N. *)
S. 177. auf N. 1) S. 176.

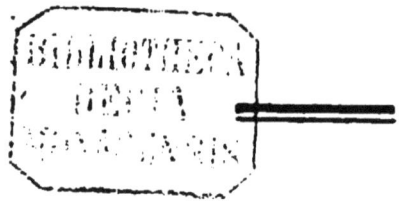